Vodú y magia en Cuba.

Haití y República Dominicana

José Millet Batista

Hechos el Depósito Legal:MI2016000329
ISBN: 9781980933083

Se incluyen Indice, bibliografia de la obra y ficha académica de su autor

A la mambó Elena Celestien, a los houngan hermanos Pablo y Tato Milanés Fuentes, de Pilón de Cauto, a Nicolás Casal, de La Caridad, en el Ramón de Guaninao y demás sacerdotes haitiano-descendientes, ubicadas en zona cafetalera de la Sierra Maestra. al divinó Ti Nó, quien murió en La Habana… y a todos los miembros de las sociedades del gagá de las comunidades haitianas de Barrancas y Thompson, de la llanura cañera del Cauto

Con igual propiedad, a los humildes haitianos del resto de las comunidades estudiadas, ubicadas en asentamientos rurales y suburbanos, lejanos o próximos, a Guantánamo, Sagua de Tánamo,. San Germán, Las Tunas, Camaguey y a Ciego de Avila y a sus descendientes de haitianos emigrantes en La Habana.

A los investigadores que nos han precedido, como Rómulo Lachaigñeré (+), Fernanjdo Boytel (+), Alberto Pedro (+), Rafael "Papito" Grassa (+), Manuel Santana, Haydée Toirac, Miriam Cruzata y a aquellos que formaron parte del equipo de esudios de la Casa del Caribe, como el filósofo Julián Mateo y el recién fallecido Manuel "Manolo" Alejandro Ruiz Vila y a otros que omito en razón del espacio

A Joel James In Memoriam, cacique del Caribe y unificador de la cultura nacional del pueblo cubano, su primer real descubridor

INDICE

Agradecimientos especiales a:

mi sobrina Olga Fernández Millet y a su esposo Xabier Goerglearth,--ambos francófonos y amantes de mon Haití cherí--, por su estimulo a la creación científica y literaria, incluida la relacionada con la herencia franco-haitiana en Cuba y su vodú.

Capítulo I.- **Joel James: la Ontogénesis histórica y el descubrimiento del *Ser* del pueblo cubano**

1.1 JJ: del vodú de Bois Caimán (Haití, agosto 14, 1791) a la Tumba Francesa del ingenio La Demajagua, (Cuba, 9 de octubre 1868), los arquetipos históricos-culturales con que él se iluminó

La mayor grandeza es la naturalidad; las más grandes lecciones no se obtienen en los salones de clases, sino en ausencia de palabras y de ritos formales, de la boca de las abuelas, madres y padres en el seno del hogar, de la mano de vecinos en la calle del barrio donde se nació y de las personas que se convierten en los más trascendentes pedagogos, sin título de estudios en ciencias de la educación y, en ocasiones incluso, de personas iletradas, tan abundantes en nuestras sociedades del Tercer Mundo, pueblos en situación de abrumadora dependencia y desigualdad con respecto a las naciones que son las grandes potencias industriales, que se erigen en congragaciones de Estados, en Imperios omnipotentes… que dominan regiones y que imponen sus mandatos en el mundo con poderes económicos, tecnológicos, informáticos, dominio casi absoluto de los medios de comunicación masiva internacional y un poderío militar que yo resumo en la expresión Poderes Fácticos ecuménicos. Frente a esos Poderes Fácticos se puede oponer resistencia, rebeldías de toda naturaleza y recursos inimaginables, siempre que se actúe en concertación de esfuerzos para alcanzar una unidad de criterios y de acciones estratégicas. A la contemporánea "nueva sociedad de la información y del conocimiento" es preciso colocarle la barrera de los saberes y tradiciones de los pueblos del Sur, a los 9que ella quiere imponer la *neo-esclavitud técnica,* de la que deriva la tecnocracia actual, incluida las de gobernar con la tiranía del pensamiento único, extensión del *Hombre unidimensional* de Herbert Marcuse.

Sobran los ejemplos de cómo se quiebran los modelos, estereotipos y paradigmas derivados de la vieja esclavitud, que impone el juego clásico, la dialéctica del amo y del esclavo descrita por Hegel en su **Fenomelogía del espíritu** y la neo-esclavitud que lo reproduce. Traigamos a colación dos ejemplos como botón de prueba para ilustrarlo. Hubo un hijo caraqueño, de sangre impura porque había nacido de una familia canaria y *orillera* por más señas, que levantó los libros, la imprenta y el fuego de las ideas por la libertad contra los dos imperios principales que dominaban el universo, los del dinero simbolizados por los *mantuanos* y los de la Santa Inquisición que era el sostén y brazo de hierro ideológico del antiguo régimen aristocrático en que descansaba en Nuestra América el sistema esclavista colonial Al Almirante Generalísimo Francisco de Miranda (1750-1816), que de él hablo, lo condenó a la muerte en destierro la combinación de esas dos fuerzas macabras para que despareciera su ejemplo y, con él su proyecto de una gran nación que denominaba *Colombia.* El destierro y la muerte en soledad son de las dos penas más terríficas a las que suelen someter los tiranos a quienes se les oponen y Miranda—ese todavía poco estudiado e incomprendido padre de Nuestra América—había forjado, como el poeta del destierro José María Heredia para los cubanos, los símbolos de la patria, como la bandera que puso a ondear por primera vez en el el puerto de Jacmel, Haití, antes que en Venezuela, luego de recibir incorporar a la tripulación de su armada—con el Leander de líder y el Bacchon y la Bee de acompañantes—sobre montando las disputas de los caudillos Dessalines y Alexander Petión para emprender la empresa de liberación de su patria, donde al llegar besó la playa de La Vela, puerto de Coro, ciudad hoy Patrimonio de la Humanidad, donde ondeó nuestra enseña nacional durante varios días, por lo cual hemos insistido en que allí cada año debe conmemorarse ese acto de tanto significado para nuestra historia patria y para los pueblos del Caribe.

1815, septiembre: en su exilio voluntario en la isla anglo-caribeña, en el texto conocido como la Carta de Jamaica, el caraqueño Simón Bolívar (1783-1830) , formula el pensamiento más sólido desde el punto de vista de la Etnología acerca de un real Nuevo Mundo surgido de las entrañas de aquel proclamado siglos atrás por los conquistadores europeos: los latinoamericanos somos un *"pequeño género humano"*, un "mundo aparte" y "nuevos en casi todas las artes y ciencias", aun cuando en la sociedad civil prevalecieran costumbres que la ataron al antiguo régimen, diría yo. En su espíritu romántico, proclama que se trata de formar en América "la más grande nación del mundo, menos por su extensión y riquezas que por su libertad y gloria." Posterior a su arribo a Haití el 24 de diciembre, el pensamiento de El Libertador sufre un vuelco radical bajo el impacto de la primera revolución de siervos triunfante en la historia de la Humanidad y debido a esa radicalización, más que por: en compromiso con el presidente haitiano Alexander Petion, decretó la abolición de la esclavitud 6 meses después en Carúpano. La espada de El Libertador adquirió otros brillos, matices sociales que la desplazarán por debajo de la Mar Caribe para atravesar la Cordillera de los Andes y realizar el sueño político anticolonialista y, a un tiempo, el proyecto supranacional constitucional de Miranda consistente en que, con la liberación de su patria venezolana, se procrearía lo que en palabras de El Libertador se llamó la patria de todos los americanos, de los hijos del hemisferio o la América de Colón, la Colombia mirandina, cristalizada en su primigenia manifestación cuando esa espada bolivariana independizó a cinco naciones.

1895: Los dos apuntes del párrafo anterior son trayectorias no precisamente simbólicas, aquellos gestos transcendentales de los dos más grandes próceres universales de Venezuela, los enlazan con la historia y la espiritualidad de Cuba. En su diario titulado **De Cabo Haitiano a Dos Ríos** hay un pasaje memorable en que el poeta revolucionario José Martí narra cómo la música de los loas cantan desde las aguas del Mar Caribe mientras se desplazan por el Paso de los Vientos, el estrecho que separa ambas naciones; y El Apóstol tiene plena conciencia que navega rumbo al encuentro con la otra novia que comparte con la noche. Al llegar a la tierra amada, el General dominicano Máximo Gómez besa la tierra y canta como un gallo. En ese mismo texto que califico de biográfico, expresa el Apóstol José Martí: ¡qué cultos estos analfabetos¡ refiriéndose a los humildes campesinos que apoyaron a los próceres cubanos en compañía del militar dominicano Máximo Gómez, poco después de su desembarco en abril de 1895 por tierras Playitas de Cajobabo, cercanas a Baracoa, para librar la fase final de la guerra por la independencia de Cuba del Imperio español. Justo por ese mismo territorio del extremo más oriental, se habían desplazado el cacique haitiano Hatuey con algunos otros taínos después de atravesar el Paso de los Vientos que separa a ambas islas, y allí se aplicó a organizar a los pueblos originarios que habitaban Cuba en una lucha de resistencia en contra de los conquistadores españoles capitaneados por Diego Velásquez.

Finalmente a consecuencia de la delación de uno de los rebeldes aprisionado, Hatuey fue capturado y, el 2 de febrero de 1512, fue quemado vivo al pie de una ceiba, en Yara, donde desde hace poco más de cinco siglos se ha mantenido viva la aparición de su espíritu como parte de una tradición espiritual denominada La Luz de Yara. La ejecución del cacique ocurrió en un espacio relativamente cerca de Manzanillo, donde el abogado Carlos Manuel de Céspedes, perteneciente al ala más radical de la burguesía terrateniente cubana, era propietario del ingenio azucarero La Demajagua y justamente allí ese propietario, iniciará el

10 de octubre de 1868 el proceso por nuestra independencia nacional. La noche antes al alzamiento armado, reúne la dotación de sus esclavos y los declara libres; los tambores repican toda la noche en la celebración festiva franco-haitiana que se llama Tumba Francesa y, al amanecer, esos antiguos siervos se unen a su amo en una partida armada a la que se irán uniendo otros complotados. Nunca escuché en los salones de clase donde estudié que habíamos surgido como pueblo insurrecto y libertario con un gesto antiesclavista, más que con un hecho abolicionista, como el determinado en aquella fecha memorable ni mucho menos que se hubiera producido al toque del tambor africano proveniente de Haití, en obvio remedo de la ceremonia voduista realizada también en la noche de Bois Caimán. El toque nocturno de la Tumba Francesa, la incorporación al día siguiente de los africanos franco-haitianos recién liberados a la gesta de liberación nacional y el encabezamiento de aquella epopeya de un propietario de africanos esclavizados…cortan en dos la historia de Cuba y nos une, entrañablemente, a través de su conexión con Haití, al Caribe. Ese gesto simbólico de historia-pueblo-esclavitud y liberación es sustancia del pensamiento y del accionar de Joel James en toda su vida profesional como estudioso y organizador de la cultura, como veremos a continuación.

José Martí, su pensamiento e ideas consecuentes con su vida, fue objeto de estudio permanente de Joel, y a él le dedicó publicaciones que son parte relevante de su obra como ensayista, en menor medida a Máximo Gómez, en torno a cuyos Diario de Campaña les dedicó atención pormenorizada en libros que merecen ser tomados en cuenta. No creo que haya sido casual que el Parque Céspedes haya sido el espacio de las tertulias nocturnas en las que tantas ideas debatimos desde finales de la década de los 60; estábamos muy cerca de la casa más antigua de la Isla: la del Adelantado Diego Velásquez y me parece estar viendo la escena en que discurre sobre la traición de Hernán Cortés poco después de que éste se le escapara para irse a conquistar el Imperio Azteca. ni tampoco que a la sombra de la ceiba—situada al frente al puerto santiaguero--fuera tendido el cuerpo sin vida de quien había librado el último combate en San Lorenzo por ver libre a la patria ni que el barrio francés El Tivolí, donde fue tendido en una mesa de rústica madera el cadáver del Padre de la Patria, se convirtiera en el escenario donde fueran representadas las obras del *teatro de relaciones* a cargo de la compañía Cabildo Teatral Santiago, donde Joel comenzó a trabajar al graduarse de la universidad en 1973 y cuyos asuntos de las artes escénicas callejeras vinculada al carnaval…hubiesen sido sus primeras memorables reflexiones que luego se transformarían en objeto permanente de su interés y dedicación a la cultura popular. ¿O acaso es casual que, el final de la Fiesta del Fuego, el Diablo se queme frente a la bahía donde fue depositado el cuerpo sin vida de Céspedes, luego de viajar de Aserradero en la goleta Santiago al puerto de la Ciudad Héroe en depósitos con puercos, gallinas y demás animales domésticos?

No creo que haya ciudad en Cuba donde palpite más y mejor la sangre franco-haitiana que en Santiago de Cuba. Su signo más emblemático es un carácter expresivo con tinte de alegría perenne, explosivo y a un tiempo cordial que provocan que el santiaguero sea único a lo largo y ancho del archipiélago cubano. Su ron Bacardí es degustado en los confines del orbe…olvidando que Emilio Bacardí Moreau, su autor, fue un caficultor franco-.catalán, que vivió casi toda su vida y fue enterrado en la ciudad de Santiago de Cuba, quien lo patentó y lo comercializó mediante una de las primeras industrias transnacionales de la región. Si en cada país, como anotó Freud, el Norte se opone al Sur y el Este al Oeste, la ciudad de Santiago de Cuba es una tierra imantada adonde acuden a morir sus moradores donde quiera que se encuentren, aun en cualquiera de los polos helados de la Tierra. Haría aburrido este libro si aportara los elementos de juicio para argumentar afirmación al parecer tan regionalista, pero que han hecho que la ciudad sea considerada la Capital Cultural del Caribe. Ganaría cualquiera el certamen millonario si alegara que tiene la fiesta más atrayente del mundo: su carnaval, cuyo foco es la comparsa conga El Cocoyé y el barrio El Tivolí, por donde entraron a la urbe los despavoridos franceses que salvaron sus cabezas de la guillotina de la Revolución de Haití, según ha sido magistralmente descrito en **El reino de este mundo**, novela del afrancesado Alejo Carpentier. Hasta bien entrado el siglo XIX, se hablaba francés al mismo tiempo y ritmo que el castellano y el impacto en el paisaje y la economía de los franceses fue tan alto que la Isla se convirtió en el tercer productor de café del mundo.

Pongo el habla del santiaguero a un lado para mencionar que aquí nació José María Heredia y Heredia, al decir de Martí, el primer poeta de América y no su primo hermano de igual nombre, autor de la obra escrita en lengua francesa **Les Trophés**; en el cementerio Santa Efigenia está enterrado el último médico de Napoleón Bonaparte y nos orgullece que Paul Lafargue haya sido el yerno de Carlos Marx, a quien le corrigió la plana con su célebre hipótesis de que el socialismo debería ser la sociedad de la felicidad, en la que el ser humano se haya liberado absolutamente de la esclavitud del trabajo para dedicarse única y exclusivamente al ocio creador. Se habla con pertinencia y detalles en varios libros de historiadores y testigos presenciales, de la profusión de escuelas donde se enseñaba la lengua de Moliere, de negocios, de la música y de la introducción de actividades de ocio que no se conocían en la ciudad, como la de la prostitución, pero casi nadie menciona las practicas del vodú, profusamente mencionadas por numerosos viajeros en su tránsito por la ciudad y aun de residentes en ella.

La ciudad se transformó no sólo en su vestuario, sino en los modos de vida y en un estilo muy especial de comportamiento público y especialmente en el interior de la vida doméstica que suele calificarse de vida en estreno exquisita, aun en las exuberantes casas señoriales de los dueños de las plantaciones que florecieron con un brío inusitado en lo profundo y más intrincado del macizo montañosos de la Sierra Maestra, desde donde se visualizaba Santiago. En sus bibliotecas, reconstruidas integralmente en parte en la casa de habitación del cafetal francés La Isabelica, cerca de la Gran Piedra, por el sabio Fernando Boytel Jambú como muestra elocuente del esplendor civilizatorio a que ascendió y que hoy puede ser visitado por el turista, se aprecian obras de lo más avanzado del pensamiento de la Ilustración y del conocimiento, incluido el científico-técnico de la época y entre esas obras, estaban las del enciclopedismo francés, con sus ideas redentoras emanadas de la Revolución francesa que penetraban en desde las tertulias cotidianas de los amos a la empleomanía de la casa señorial , a los técnicos, administradores y a los siervos tanto domésticos como alejados y negros y mulatos libres, así como a toda la gentes que convivían con las familias de los plantadores.

¿Todo aquel ambiente era ajeno al Haití insurgente brotado a la historia de la Humanidad como el segundo país libre de las Américas y a la poderosa espiritualidad que nació en el proceso de la formación de su pueblo? ¿o es que se trataba de franceses de Francia y no de franco-haitianos forjados en la vecina isla del Caribe? Demos unas puntadas para que tengamos al menos una idea de conjunto de que se trataba algo más que de la *implantación francesa* de que nos han hablado historiadores y demógrafos, sino del traslado y re-formulación de modos de vida franco-haitianos desde la colonia Saint Domingue, donde había refulgido el espíritu de voluntad y de dominio del Imperio que se había apoderado de buena parte del planeta Tierra, de aquellos brillos que la habían convertido en la joya mejor de la corona de Napoleón Bonaparte. Y en la atmósfera de aquel ambiente de libertad, de música de la Europa de la época, junto con el piano que prodigaba las notas de los célebres músicos de entonces se confundían y dialogaba la polirritmia del originario tambor africano percutido a mano en el Caribe, la elegancia y aristocracia de las celebraciones festivas originalmente permitidas a los africanos esclavizados en los sitios de labor de las plantaciones de las colonias francesas A estos eventos con predominio del tambor de Africa se les irían acompañando bailes también africanos para reverenciar al espíritu que radica y que es el mismo tambor para el africano. Así, en un largo proceso que el Padre de la Antropología del Caribe, el polígrafo don Fernando Ortix ha definido como de transculturación a la celebración de la tumba se le iría integrando música, instrumentos musicales y bailes, algunos de sesgo cortesano con que luego se identificarían con las fiestas de la *Tumba Francesa* traída por aquellos caficultores franceses con las dotaciones de siervos que acompañaron a sus amos en la estampida revolucionaria que se produjo en Haití. Como suele ocurrir en la mayoría de las instituciones surgidas fruto de las estrategias de los dominados que las crean para sobrevivir, la tumba Francesa olvida, aun cuando usa, el modesto origen Congo de la palabra tumba que le dio origen en tiempos inmemoriales.

Pero hay una manifestación danzaria-musical surgida del trabajo, de los cantos de labor con que eran acompañadas las arduas labores de la elaboración de los productos agrícolas en lo más intrincado de la cadena del proceso de elaboración del café: estaba presente también la música y los bailes asociados a la *tahona*, voz que designa la molino o triturador de grano realizado por el hombre con la fuerza animal de mulos, caballos o burros y por extensión al espacio en cuyo centro se procesaba el grano mediante el molido mecánico de tan preciado fruto que convertiría a Cuba en el tercer productor de café del mundo.

Cargo en mi morral de viaje como uno de los regalos mejores que me hicieron la expresión de Joel cuando discutimos el primer tema de mi investigación y le hablé de mi afición por la literatura de Haití y me riposto: sobran quienes se dedican a la literatura y faltan quienes e atrevan a entregarse en cuerpo y alma a las ciencias humanas y sociales, como la Etnología. Esa indicación autoritaria de Joel determinó el cambio brusco de mis estudios de las letras a las ciencias del espíritu y que me convirtiera en uno de los especialistas reputados, nacional e internacionalmente hablando, en el conocimiento de las variantes del espiritismo en Cuba y del vodú haitiano.

JJ: la amistad y *la familia de nuevo tipo*

Este es el entramado de abrazo de historia y cultura con el que mejor podemos explicarnos la personalidad de

Aníbal Joel James Figarola, nacido en la ciudad de Guanabacoa, La Habana, el 13 de enero de 1942 y sembrado el 27 de junio del 2006, por voluntad expresa poco antes de expirar, en la tierra húmeda, en medio de la hierba fresca que acaricia el viento solar de su amado Santiago de Cuba, de donde se negó a marcharse. Un hombre es para otro hombre lo que marquen los signos del zodíaco, en el sitio y a la hora en que estrecharon las manos por primera vez. Joel fue uno de esos Maestros de las artes marciales que encontré en el camino y que determinó el curso de mi vida, no como meras huellas que se acercan o se alejan; de las que te distancias y terminas por convertirlas en memorias. Nos hicimos amigos a partir de un evento político estremecedor acaecido en los predios de la Universidad de Oriente donde ambos coincidimos, yo como instructor de Filosofía, él como estudiante de Historia y se convirtió en verdadero hermano, sin importar que no lleváramos el mismo ADN en el cuerpo. Lo significativo no fue eso; es que tenía una familia forjada en los principios y valores de una ética poco habitual en la Cuba que nos tocó compartir: la Cuba de los convulsos 1970. La solidaridad, la hermandad y la honestidad que hoy brillan por su ausencia fueron el código que marcó nuestra historia. El ojo mágico de la conciencia repasa hoy hechos y circunstancias en apariencia alejados del tema religioso que nos ocupa; algo especial sucedía en Joel James primero en su trato de respeto con artistas y escritores con quienes nos relacionábamos en aquellos años iniciales, y ese primer círculo de la familia nuclear se iría ampliando hasta incluir otras personas que fueron formando otros círculos concéntricos que se irían elevando en espiral hasta formar y forjar otro tipo de familia que extralimita a la Genética, al más diáfano linaje sanguíneo. Aprendí que el ser humano era digno de respeto proviniera o tuviera el estatus económico, social y "cultural" más bajo, la piel negra o aun estuviera en lo más alejado de la atención de la mirada de las instituciones oficiales y sus representantes obligados a tomarlos en cuenta y atenderlos con el mismo cuidado con que se atienden todas las expresiones de la sociedad, sin distingo discriminatorio de ningún tipo.

JJ: sus enseñanzas inaugurales y su defensa de la cultura popular

Joel James pronto manifestó, con palabras y hechos públicos notorios, que todas las expresiones de la cultura nacional tenían el mismo derecho de ocupar los espacios de la nación que se habían ganado a lo largo de la historia, comenzando por las ricas, complejas e inabarcables expresiones tradicionales de la cultura popular y, en su ámbito específico y con el peso que acabamos de analizar a partir del análisis de los hechos históricos de Bois Caimán en Haití y de la Tumba Francesa en el ingenio azucarero La Demajagua en Cuba, los mal denominados *cultos afrocubanos*, que él se encargaría de dignificar y colocar en el mismo sitio y papel que las del resto de las denominadas religiones universales, a la misma altura que se había tenido en el país de la "religión oficial" católica, romana y apostólica, que nos había impuesto el conquistador español. Y lo haría contra viento y marea, porque en Revolución, en la mente y en el poder de decisión de las capas intermedias de los funcionarios públicos—y aun en los más elevados de la jerarquía institucional—imperan los prejuicios raciales, la discriminación por paradigmas impuestos desde la colonia hasta la era republicana y, junto con ellos, los estereotipos sociales que disminuyen y subordinan el aporte de estas religiones a la liberación del individuo y, lo que es más trascendente, a la formación de la identidad nacional y a los soportes de la soberanía y de la independencia nacional.

Me sorprendió, y fue la primera lección de humildad que me regaló, observar a Joel cargando en hombros los tambores donados por directivos de las comparsas de la ciudad para crear el Museo del Carnaval, actualmente situado en la calle Heredia y uno de los espacios más visitados de Santiago de Cuba. El tambor, antes descuartizado por los ignorantes gobernantes que lo veían como un objeto asociado a la *superstición* degradante de los sectores marginados de la sociedad colonial y neocolonial¡¡¡ En ese museo están hitos importantes de la historia del carnaval, con exponentes de las agrupaciones tradicionales más antiguas de las Américas: los cabildos Carabalí Isuama y Carabalí Olugo, entre otras. Esa era la forma de retar a la burocracia gubernamental, muy apegada al sillón de las oficinas, a que había que colocar en primer plano las tradiciones antes perseguidas del pueblo, especialmente de las que descendían de Africa o fruto del su espíritu creador, nacidas en el país. Ese mismo reto lo asumiría yo décadas después con la creación del Museo de las religiones populares, del que hablaremos más adelante, en obvia línea de continuidad con el ejemplo dado por Joel en relación con una de las instituciones más emblemáticas de Cuba y del Caribe en su conjunto: la del carnaval de Santiago de Cuba, para mí, el único existente en el país, según he escrito y publicado en alguno de mis libros. Desde el estudio y la convivencia de Joel con tal tradicional festiva, emergerá un conjunto de elementos y de formas contentivos de significaciones de alto valor que le permitirán luego la elaboración de teorías de alto vuelo en torno a la cultura popular y, en su espacio creativo, la de los *cultos sincréticos afrocubanos*, frutos de cuyas elaboraciones teoréticas constituye su aporte más importante a la historia de las religiones, al del espiritualismo y de la cultura nacionales cubanos.

JJ: la nueva familia espiritual, no la de la raza cósmica

Algo extraordinario o excepcional estaba ocurriendo en las relaciones humanas y resultaba clave centrase en esa *familia santiaguera* que brotaba ante mis ojos para entenderlo y, de paso, ayudar a la compresión de su progresivo crecimiento. Tiempo después dos familias sanguíneas se unieron en adversidades propias de los caminantes—la mía se vio en la calle y sin llavín— y supimos que en las pruebas, en momentos difíciles y situaciones extremas, las personas muestran las verdaderas dimensiones de la naturaleza del ser y nos fundimos en una, como ya se había hecho con otras familias que fueron abarcando bordes de la sociedad que alcanzaba a personas que se iban uniendo en la marcha y pertenecían a las comunidades consideradas marginadas, desde diversos puntos de vista y consideraciones. El andar hace al caminante; te conviertes en lo que terminas siendo en el salto de los obstáculos que te ves obligado a sortear; aprendes que es el juego nada menos y nada más que de la vida y su opuesto, así de sencillo, el de la muerte. La marcha era lo significativo, la fuente de la filosofía de donde brotaban el conocimiento emocional—o sentimental-- que conecta a los hombres en lazos indisolubles: ese era el marco de la educación del corazón al que pocos entran y tienen la dicha de pertenecer más allá del tiempo y del espacio, o donde tiempo y espacio se encuentran y son una misma cosa. Ese es el punto de todos los círculos de donde brota el saber que te enseña, la verdadera educación que no surge de los manidos preceptores de las personalidades que deciden la Historia ni mucho menos de las Academias. No¡: era la pedagogía andante cuya instrucción principal se puede reducir a la frase "predica con el ejemplo". Ese fue el fundamento que me llevó a apreciar a Joel como mi Maestro, sin que hubiese sido necesario decírselo nunca.

JJ: El mundo reducido a un punto y la fuente de la felicidad

Joel acostumbraba a decir que se podía estudiar el mundo desde un punto del planeta tierra que se supiera elegir, incluso sin tener que moverse de él. Pienso que ese punto es más bien lo que yo he denominado el *Triángulo magnético,* o centro de imantación telúrica histórico-cultural del Oriente de la Isla, donde comenzó todo en la historia y lo esencial de la historia simbólica del pueblo cubano: desde el mal denominado descubrimiento de América por Colón, las rebeldías de los pueblos originarios simbolizados por el cacique haitiano- cubano Hatuey—, los palenques en que se moldeó la sangre del indio con la del cimarrón afro-descendiente; pasando por la cristalización del sentimiento de arraigo, de pertenencia a la tierra—la gesta de la emergencia del criollo y luego de la identidad del cubano; el arranque de las guerras por nuestra independencia del Imperio español y de la opresión de sus súbditos locales, hasta la última gesta de liberación nacional de mediados del siglo XX. Se aplicó a demostrarlo con su propia existencia apegada al terruño y me consta que rechazó abandonar Santiago de Cuba, cuando le ofrecieron opciones de trabajo que muy pocos se negaron a aceptar. El liderazgo consiste en las relaciones que es capaz de construir el líder con otras personas que lo siguen, acompañan activamente y contribuyen lealmente a construir proyectos, a trazarse objetivos y planes para realizar esos proyectos y aplicarse con alma, corazón y vida para la realización que trascienda los intereses personales y aun familiares e irradien a la sociedad en su conjunto para beneficiarla y hacerla progresar, hacerla distinta a la sociedad donde se ha nacido y se pertenece por derecho natural o propio. Aprendí a su lado que esa es el manantial desde emanan las aguas de la dicha mayor en el orden personal y aprendí que esa fuente de orden suprapersonal era la fuente real de la felicidad. Ser fieles a uno mismo, sin traicionar a nadie, menos a los seres que hicieron de su hogar tu hogar y abrieron las puertas del alma, lo cual en la sociedad que nos ha tocado vivir no es normal, sino lo excepcional. Me enorgullece y eleva manifestar a Joel y a su familia, formada por él con el más exacerbado de los celos, haberme incluido en ese círculo de la intimidad que me hace pertenecer a esos seres privilegiados que pueden aportar su testimonio apegado al más estricto sentido de la verdad. Más adelante me extenderé en rasgos de la personalidad y, en especial del carácter de Joel que lo convirtieron en una referencia obligada entre los intelectuales y artistas, digamos que profesionales, pero de modo especial en amplios sectores el pueblo creador de la Cuba de a pie, durante tanto tiempo recluido en las cavernas de las invisibilidades para no ser tomado en cuenta en la dimensión plena de su dignidad y de sus aportes sustantivos a la historia y a la formación de la nación cubana.

JJ: su corte epistémico en la historia de los estudios etno-sociológicos en Cuba

Ahora me permito aportar elementos de juicio para que, quienes no llegaron ni llegan a conocer a Joel James, sepan en qué se basaba la gente de a pie para verlo, tratarlo y situarlo en ese sitial tan relevante que se ganó. Comienzo por explicar el corte epistémico radical que produjo en los estudios etno-sociológico enfocaos al estudio de la formación del pueblo cubano de su identidad nacional y de las expresiones de su espíritu creador que resumo en el estudio de la *cubanía*, y solicidot licencia para referirme a aquellos emprendidos por personalidades excepcionales, como el sabio polígrafo Don Fernando Ortiz, el historiador del pensamiento cubano Medardo Vitier con su libro **Las ideas y la Filosofía en Cuba** y de su hijo Cintio Vitier, autor del libro **Lo cubano en la poesía** y la tan largamente secuestrada del reconocimiento de los iniciadores de los estudios etno-sociológicos en Cuba: nuestra Lidia Cabrera; y por los investigadores que los continuaron, como el folklorista africanista Rogelio Martínez Furé, el etnólogo Isaac Barreal, al africanista Teodoro Díaz Fabelo, el historiador de la *gente sin historia* Pedro Deschans Chapeaux y los investigadores de la Etnología cubana, el imprescindible Leovigildo López-Valdés, el escritor Miguel Barnet, el lingüista Sergio Valdés, el ensayista Enrique Sosa y el incansable etnólogo Jesús Guanche, entre otros no menos notables. Excepto el historiador de la industria azucarera cubana doctor Manuel Moreno Fraginals, quien trató la temática culturalógica con alto sentido del rigor científico y con notables hallazgos, a la mayoría de estos ilustres iniciadores, de otros antecesores y de los continuadores de tales estudios les es común lamentables lagunas, como las del débil conocimiento profesional de la historia de Cuba y más aun de la historia de los pueblos del Caribe, pero creo que la más desfavorable para el avance de los estudios etno-sociológicos: el desconocimiento profesional de las lenguas de los pueblos originarios, de las lenguas africanas y de las lenguas criollas forjadas en silencio, al amparo del sistema de plantaciones y que brotaron, como de la corriente de manantiales no percibidos por el ojo del amo europeo, del interior de los pueblos del Caribe.

Centremos con mayor precisión esta autocrítica: con excepciones que sobran dedos de la mano para contarlas, no ha habido entre nosotros historiadores de las religiones que muchos de los más encumbrados investigadores cubanos denominaron, erróneamente, los *cultos afrocubanos*, menos aún africanistas, profesionales dedicados a estudiar la historia y las culturas de aquellos pueblos de Africa, pese al tremendo impacto que tuvieron en la historia patria y de su peso excepcional en la formación de nuestra identidad como pueblo distinguido en el concierto del resto de los pueblos que formamos parte de Nuestra América y, luego con el inicio de las guerras por la independencia de España, como nación, así como en la espiritualidad y cultura de los cubanos y del resto de los pueblos del Caribe y de Nuestra América en su conjunto. En materia de lingüística, musicología e historia tanto de Africa, de algunos de sus pueblos, como de las religiones de los afro-descendientes, sería injusto dejar de reconocer que, en los últimos cincuenta años, han sido importantes los resultados que hemos podido apreciar y muy respetados quienes los han hecho, pero estas siguen siendo algunas de las asignaturas pendientes de aprobar, a pesar del esfuerzo descomunal de muchos de las personalidades e investigadores mencionados, en ámbitos del conocimiento en los que han hecho aportes sustantivos para el avance del examen juicioso , equilibrado y justo del legado vivo de la denominada *gente de color*, antes esclavizada y luego libre, pero sin llegar a eliminar tan lamentables minas noseológicas inexploradas anotadas antes, en párrafos precedentes.

Joel James se había percatado de muchas de estas terroríficas lagunas y de otras insuficiencias a las que se aplicó, de modo práctico, a solucionar; recuerdo a propósito, en los arranques de los 70 el seminario dictado en el Taller Cultural por el historiador Armando Entralgo con el tema de la historia más reciente de algunos pueblos de Africa y las discusiones que acarreó entre quienes nos habíamos concentrado en estudiar sólo aspectos de la cultura nacional del pueblo cubano, sin conocimiento cabal y concienzudo de la *africanía* que nos corría por cada uno de los tejidos de un cuerpo que se conformó en el vientre de más de una Madre, no sólo en el vientre de España. Ese era el comienzo de la conciencia súbita por algo que hasta la década de los ochenta, inexplicable y erróneamente, no había recibido el tratamiento que merecía en el ámbito de los estudios profesionales de parte de ninguna de las instituciones culturales creadas al abrigo de la Revolución cubana, con excepción de Casa de las Américas: el estudio de una región por donde había comenzado todo en esta parte del Hemisferio Occidental que llaman las Américas, la región o subregión del Caribe. Entiéndase lo que manifiesto a continuación como mi testimonio estricto en el orden personal, por lo que no citaré a nadie que no pueda tener derecho a réplica de lo que afirme.

Colón, Humboldt y Fernando Ortiz: ¿tres descubridores de Cuba?

La mayoría de los asuntos y temas pueden convertirse en objetos de estudio de las ciencias humanas y sociales. La memoria y experiencia lo son con idéntica pertinencia y razones humanas. La historia de la institución Casa del Caribe es asignatura pendiente aún para el grupo de amigos que la fundamos y, en la medida en que el tiempo sigue con su implacable lógica de no detenerse ni para esperar a que el más avezado de los viajeros tome el tren en la estación correcta, los sujetos que estuvieron en el nacimiento de esta extraña institución, mueren o se van, o sencillamente carecen de tiempo e interés para ofrecer su testimonio. Si esto ocurre con una entidad que, desde la perspectiva cierta que nos ofrece la Historia, trasciende a sus fundadores, qué podemos esperar de algunas de sus frutos más encomiables e importantes, como las obras escritas o publicadas por algunos de sus miembros fundadores. El ejemplo mejor para ilustrar esta afirmación es la personalidad excepcional—hasta el punto de considerarla de dimensión universal— de Joel James, cuya obra espera por la concertación de la voluntad no sólo de quienes fuimos sus compañeros de lucha, sino de toda la intelectualidad cubana, de las figuras representativas del mundo académico de América Latina con el que nos relacionamos, para someterla a una justa apreciación crítica. Este texto introductorio responde a mi compromiso hecho recientemente en mi visita a Santiago de Cuba de escribir una nota bio-bibliográfica que contextualice el lugar y el papel de Joel en la historia de Cuba y en su relación con la historia y la historia de la cultura de los pueblos de una región nunca antes explorada como lo hicimos a partir del 23 de junio de 1982 en que surgió a la luz pública una institución que cambiaría el curso de lo acontecido en la Mayor de las Antillas, en lo que al estudio de la espiritualidad se refiere.

La pregunta formulada hace un tiempo por un historiador guantanamero respecto al perfil profesional de Joel en los términos de "para ti ¿qué fue Joel James?" me llenó de espanto porque se trató de un escritor que dejó una cantidad de libros y ensayos publicados con valores literarios y científicos que pocos en Cuba han logrado alcanzar. Obviamente, para mí este este es un mérito digno y suficiente para elevar a un ciudadano al escalón más alto de la gloria de una nación y Joel se hizo merecedor de esta gloria que estoy consciente nunca buscó. Joel combinó un genio aplicado a la investigación de la Historia de Cuba y del *ser del cubano*, con frutos ostensibles en sus puntos de vista como investigador científico, acompañados de reflexiones rigurosas con descubrimientos científicos que estamos obligados a exponer ya porque lo sitúan en un sitial, como continuador y al lado de los "descubridores" de Cuba el genovés Cristóbal Colón, el alemán Alexander von Humboldt y Don Fernando Ortiz. Ese es el sitio que se ganó tanto con su obra escrita como con su labor nacional organizador de la cultura cubana y en ese lugar hay que situarlo sin que estemos exagerando en nada con nuestra apreciación, en este caso en mi condición de investigador surgido de las entrañas de mi patria chica Santiago de Cuba y de lo que emprendimos y se desencadenó en ella a escasos años de enero de 1959.

¿En qué nos basamos para situar a Joel James en ese lugar tan cimero, junto con Colón, Humboldt y Fernando Ortiz? Disculpen que anteponga lo negativo, pero es esto lo que nos sirve para intentar poner las cosas en su lugar: oído al tambor , es que se ha tratado de tres incompletos, a medias, descubridores de Cuba por cuanto y por tanto se quedaron en la forma, en el exterior del paisaje físico, en la exterioridad de los espacios descubiertos y, con la excepción de Ortiz, no hubo zambullimiento en la profundidad del alma de aquellos pueblos que pujaban por abrirse paso cuando el barón de Humboldt transitó por la parte metropolitana de la Isla. No se llegó a la Geografía Humana, al nicho sustantivo donde nace y se despliega el hombre verdadero¡¡¡¡

En efecto, se debió tratar de escuchar los latidos del corazón de aquellos pueblos originarios aparentemente vencidos, con su legado de rebeldías ardiendo en el arca de la continuidad histórica y de la emergencia de los pueblos nuevos que ya habían cristalizado en Nuestra América con fisionomía propia. Los detalles hacen grande el amor, dice el adagio y en los detalles se dibuja el alcance de la obra de cada quien. Colón descubrió la Isla por error, si es que descubrió algo porque se trató de la extensión de una empresa de indagación de nuevos mercados y en realidad lo que se produjo, a lo sumo, fue el encuentro entre la civilización europea y las culturas de los pueblos originarios del Nuevo Mundo. Como valor agregado al error señalado, el Almirante genovés nos encajó en la cabeza el estigma racista de que éramos *indios*, es decir, seres extraños que debían ser cuando menos exhibidos y presentados como seres extraterrestres en las corte real española y preparar con ello el camino de convertirnos en lo que nos convirtieron: mercancías, los primeros esclavos del Nuevo Mundo, entes que a los negro-africanos que los sustituyeron en esta empresa con que se inició el capitalismo a nivel planetario.

La varita mágica del conquistador que siguió al descubrimiento borró del mapa de la memoria histórica que se trataba de los pueblos originarios dueños de estas tierras con sus riquezas inconmensurables, de estos espacios abiertos al universo, con fabulosos hallazgos en diversos ámbitos de las ciencias y armoniosos eco-sistemas naturales en respeto absoluto a la Naturaleza y el medio ambiente, para colocar en ellos las denominadas civilizaciones urbanas—en remedio de las europeas ciudades-- que todavía están siendo exploradas en este instante en que escribo. Se hizo invisible el lado luminoso del conquistado desde ese instante en que pisotearon sus espacios sagrados; especialmente, fue escondido el hecho de que se trataba de pueblos con una condición humana y sensibilidad que habría de ser disminuida, socavada y, finalmente se le intentaría destruir, ya para entonces, por la imposición violenta de la civilización judeo-cristiana del Occidente con sus incontables y erráticas cruentas guerras, el surgimiento de Imperios que esclavizaron y destruyeron pueblos, hundieron civilizaciones que, antes de producirse el mal denominado descubrimiento de América, habían alcanzado su máximo esplendor muy por encima de lo logrado por aquella culta Europa con su insaciable afán de tesoros conquistados a costa del saqueo de los pueblos más débiles y usando para lograrlo la violencia, el engaño y otras patrañas que ha estudiado Hegel en su **Fenomenología del espíritu** como propias de las astucias de la razón universal….

Sin desdorar su papel científico, como tampoco el de ninguno de los durante tanto tiempo consagrados tres descubridores de Cuba, el barón Humboldt no salió de La Habana, sino para pasearse por los territorios de la actual Matanzas y acercarse al centro de la Isla, en suficiente recorrido como para proporcionarnos el primer cuadro sociológico de los horrores de la esclavitud de los negro-africanos, la que condenó en los más duros términos. En lo que he leído de la autoría de este intrépido explorador e investigador alemán, no he alcanzado a precisar una sola definición que roce la identidad en proceso de formación de los latino-americanos y mucho menos de lo que había cristalizado para entonces en el seno de la sociedad colonial existente en el archipiélago de Cuba. El retrato que reflejó Humboldt de aquellas sociedades fue importante y útil como punto de vista autorizado al responder a la pluma de un hijo de uno de los Imperios de la Europa occidental, quien ostentaba por lo demás un título nobiliario. Mi crítica no lo disminuye; por el contrario, lo sitúa en el sitio que le corresponde con el legado de su obra donde expone con valentía sus puntos de vista que alimentarían en el ala radical y en la intelectualidad de la clase terrateniente y en cierta medida de burguesía criolla la necesidad de suprimir el sistema esclavista.

Pero resultaría más decisivamente aproximativa a la Ontología de la *cubanía,* la incursión hecha por el sabio polígrafo cubano don Fernando Ortiz en el proceso de formación del sentimiento de pertenencia a la tierra donde se había nacido, del arraigo a ese terruño y de su defensa, que son los factores que conducen a la configuración y consolidación de la identidad de nuestro pueblo herido, más destrozado por la imposición de un modelo de sociedad subyugada, por un estatus neocolonial impuesto a partir de la intervención armada, en 1898, mediante la invasión de sus *rangers* de los Estados Unidos de Norteamérica. La exploración del sistema de valores alcanzado por el cubano fue emprendida y llevada adelante por Ortiz con un espíritu batallador en contra de los demonios que la burguesía nacional había puesto como empalizada para impedir que los estudiosos incursionaran en la conciencia de un pueblo.

Esto es lo más próximo al concepto de *descubridor* de un pueblo que concibo con toda propiedad y en esa introspección al pozo donde mora el Ser se adentró con su obra este sabio cubano, que colocó a nuestra nación en el primer país que incursiona en el Nuevo Mundo y a nivel planetario en el inconsciente colectivo de un pueblo en cuyas cimientes vibra el nutriente que nos insufló Africa en las venas y que nos hermana con esa estructura étnico-cultural única al resto de los pueblos de Nuestra América y, especialmente, a los del Caribe. Erróneamente, Ortiz llamó a este proceso el proceso de *transculturación*, pero lo que en realidad nos reveló fue un inconmensurable esfuerzo por precisar de dónde surgimos, cómo se había forjado el sistema de valores que provocó la cristalización de nuestra identidad como pueblo en el conjunto de pueblos que forman lo que también, erróneamente, se denominó América Latina y, en síntesis, qué es el cubano, cuál es o cuáles son sus signos que nos distinguen de cualquier otro pueblo. Su descubrimiento, a diferencia de Colón y de Humboldt, fue ecuménico y su obra es el mejor botón para avalarlo. Pero igual a lo sucedido a Colón y a Humboldt, Fernando no salió de La Habana sino para incursionar esporádicamente en el Oriente donde se encontró con el fenómeno novedoso de un culto religioso—así, peyorativamente lo llamaban entonces--, que denominaron muy descaminadamente *Espiritismo de cordón* y se concentró, pues, a estudiar la sociedad cubana centrado en la gran urbe Metropolitana, resumen como todas las grandes capitales de una nación, pero no pudo abarcar las regiones donde permanecía escondida la verdadera identidad del cubano, por excelencia, en el Oriente y en el centro de la Isla.

El código JJ: su signo distintivo respecto a investigadores y escritores precedentes

La personalidad de Joel James fue tan sumamente compleja y rica que desarrolló esta labor científica con la aplicación de un espíritu de creación artística y con recursos intelectuales que iban más allá de las ciencias positivas al alcance de los dos grandes estudiosos que lo antecedieron, es decir Humboldt y Ortiz, a quienes nos hemos referido más arriba en esta nota con la simple idea de resumir dos épocas diametralmente opuestas: una , en la que imperaba el positivismo científico y la que le continúa, en que la libertad en el tratamiento de los objetos a estudiar estaba a la vista de todos, sólo que fueron muy pocos los que atinaron a echar manos de ella y Joel James fue de esos elegidos que lo hicieron. Lo determinante en Joel James fue el tratamiento filosófico en todos los asuntos y áreas del conocimiento humano que exploró y trató en sus escritos—y no sólo específicamente en la literatura denominada de ficción—con frutos de igual o superior calidad estética a los de su producción ensayística, que fue el signo distintivo de su escritura tanto en el campo de los estudios científicos como en el otro campo literario en que incursionó como narrador y cuentista. En algunos de sus libros literarios, inicialmente, o sea, en su arranque como escritor que se dio a conocer en la Isla, el asunto tratado en los cuentos, relatos y novelas fue extraído del estudio de la historia nacional pasada o poco más o menos en la reciente y, en no menor medida, de la realidad más cercana en el tiempo que nos tocó compartir con él a los miembros de una Generación literaria y afincada en la cultura tradicional del pueblo cubano que he calificado de *Generación de los 70*. Mi respuesta, en síntesis, a la pregunta del mencionado historiador guantanamero, es que Joel James fue un creador integral en la esfera de obras propias del arte literario y con igual prodigio, a un tiempo en la escritura con pretensión de permanencia científica, en aquellas que se ubican en las ciencias humanísticas y sociales, con igual consistencia, rigor y belleza en todos los campos de la escritura.

Pudiera replicárseme que esto lo han logrado otros escritores e intelectuales en la Isla y pudiera ser pertinente tal afirmación. El propio Don Fernando Ortiz tiene libros en los predominan pasajes de un elevado sentido literario, en que uno se siente vibrar la *cubanía* como en los versos del poeta más asaltado por su exaltación o por la prosa elocuente de un José Martí, Jorge Mañach o Lezama Lima o Cintio Vitier o su padre Medardo Vitier, por citar ejemplos El caso es que con Joel James se produce un quiebre epistemológico radical en dos vertientes de la Literatura cubana en su totalidad: en la Literatura de creación estética con que inaugura su presencia en las letras cubanas con las obras narrativas y, a un tiempo, en la escritura de la historia nacional, con libros que reclaman la valoración de eruditos, no de simples comentadores de oficio o profesión literaria, por llamarles respetuosamente del modo más cuidadoso a los críticos literarios. En suma y de facto provoca un gap, una ruptura "tecnológica", pone en marcha una máquina cultural e interpone con ello abismo entre los literatos y estudiosos anteriores a Joel que es necesario deslindar para que la gente que no lo conoce en Cuba y fuera de Cuba termine por comenzar a estudiarlo y que lo que desata parece algo intrascendente: el movimiento cultural que desata Joel James en Santiago de Cuba y en el Oriente de la Isla en su conjunto resulta ecuménico, digno de emular por los organizadores de la cultura de otras regiones del país, del Caribe, de América Latina y del mundo. Es duro, pero hay que ser valientes para decirlo: es lo que los propios intelectuales cubanos no terminan de tratar, aunque sea críticamente y sólo contamos con escasos textos escritos al azar por sus amigos, bajo el impacto de la emoción o en homenajes que son necesarios pero no suficientes.

A estas alturas del juego resulta obligado colocar en manos del lector de Cuba un librito en se combine la biografía de Joel James con una selección de textos, a cargo de entendidos no de simples divulgadores, para que se consiga la idea del aporte sustantivo de su obra como organizador eminentemente práctico de la cultura regional y nacional; de sus teorizaciones acerca de la cultura tradicional nacional del pueblo cubano y de sus textos de creación literaria y científica. Ese librito tiene que colocarse en manos del pueblo de la Isla de Cuba, de sus estudiantes de los diverso niveles de la enseñanza formal y luego de la experiencia de su lectura, perfeccionarlo y reelaborarlo para que llegue más allá de las fronteras nacionales, a otros países con los que nos relacionamos en el Caribe, en América Latina y en otras latitudes del planeta, traducido al menos al Inglés. Esta acción pragmática es con la que deberemos arrancar si queremos salir del encasillamiento de números monográficos de revistas y de volúmenes que no llegan al pueblo. En ese librito propuesto, hay que colocar a manera de cronología los hechos palpables emprendidos por Joel que merecen el más alto reconocimiento y que sencillamente solo conocemos quienes nos involucramos o participamos en ellos. Démosles un golpe de vista a continuación.

1.1.1 La Fiesta del Fuego: la historia real de la Casa del Caribe

Joel James rompe la expectativa de quienes se dedican a la historia de la cultura y a la crítica literaria, es que Joel desarrolló su obra intelectual como escritor e investigador, apegado, a su vez y a un tiempo, a la praxis social como excepcional organizador de la cultura cubana centrado en el Oriente de la Isla desde los años 70 en que organizamos las dos ediciones del Encuentro de Escritores Orientales, el vuelco de la actividad teatral desde su posición como asesor de historia en el Cabildo Teatral Santiago (antiguo Conjunto Dramático de Oriente); del sistema de sedes sociales permanentes de las agrupaciones emblemáticas del carnaval de Santiago de Cuba, algunas de ellas las más antiguas del continente; al Museo del Carnaval ya mencionado más arriba, a cuyo establecimiento e inauguración contribuyó decisivamente; las Noches de la Calle Heredia, a la que estuvo vinculada su esposa Pilar Pérez Rodríguez y, como colofón magistral de lo se denominó en su inicio el Festival de las Artes Escénicas de Origen Caribeño, hoy Festival del Caribe o como se le conocería años después, a nivel planetario, la "Fiesta del Fuego", la que desembocaría en la idea de la necesidad de disponer de una institución encargada del estudio y la promoción de la cultura tradicional del pueblo cubano, comenzando por la de la ciudad Héroe de la República de Cuba. Esto podría interpretarse como una expresión del activismo cultural que encontramos en muchas ciudades de la Isla, pero se trataba del encendido de una llama que culminaría en un amplio y profundo movimiento de los denominados "cultores populares" de los sitios más recónditos de la geografía insular a los que nunca habían llegado ni los más activos promotores de la cultura, que los hubo y que, en mucho casos, se integraron a esta ola que abarcó a todo el archipiélago.

Con igual pertinencia debemos indicar la ruptura que se produciría con el rígido sistema neo-colonial que entonces imperaba en la sociedad cubana, en la que todas las entidades oficiales o sociales de proyección nacional debían tener sede en la capital de la Isla y solamente a un loco se le ocurriría la idea de solicitar una institución con proyección supra nacional que estuviera fuera de la mirada fiscalizadora de la burocracia habanera. Joel el Loco, justamente así llamado por algunos de sus más íntimos allegados, no sólo lo pensó, sino que se aplicó con toda pasión a que esa institución que cumpliera tales funciones y que denominó la Casa del Caribe, cumpliera con el requisito de hacer trizas ese paradigma heredado de la España imperial y de la historia republicana al abarcar ámbitos del trabajo cultural que se extendían a lo largo y ancho de la nación y se proyectarían hacia el conjunto de pueblos que pertenecen a la región Caribe e iría más allá d esta región en una proyección internacional que dejaría atónitos a los cubanólogos y políticos que nos miraban con ojerizas no ocultas a o en complacencia con los inquisidores de oficio.

En esta ocasión, mi estancia en Venezuela se ha mostrado de buena voluntad para adoptar el prudente asentamiento de ideas y percepciones acerca de aquella experiencia de 37 intensos años vividos en mi "patria chica" Santiago de Cuba, adonde retorné—luego de un traumático y dramático entreacto desde el punto de vista político, en "la ciudad de los parques" (Holguín) donde nací-- para fundar allí, la Casa del Caribe. El establecimiento legal –notorio, audiovisual y público ante los medios de información-- de esta corporación académica, se produjo en horas de la noche del 23 de junio de 1982 en compañía de entrañables compañeros con quienes había compartido las aulas de la Universidad de Oriente y me había sentido plenamente identificado en lo humano, en cuanto a filosofía de vida, incluso en los gustos estéticos y, en una peculiar manera de enfocar en su contexto histórico, casi todo lo vivido y lo estudiado con respecto a la sociedad en cambios permanentes y en la época en que nos había tocado vivir. El conocimiento mutuo de cada quien y una experiencia generacional compartida—con un acontecimiento político definidor: 1970—constituía lo esencial que nos acercaba y unía, más allá de las posibles diferencias de educación formal y aún de temperamento que existían entre varios de nosotros.

Fue así como Joel James convocó a los miembros de un grupo de quienes habíamos coincidido en los estudios humanísticos en la Universidad de Oriente en la década de los 70, nos unió y nos condujo en un rumbo inexplorado en la historia de la cultura nacional cubana y de los pueblos de esa región que llamamos Caribe. Pero su experiencia en la organización de los eventos y sistemas de organización de la cultura aludidos más arriba, lo y nos conducirían a diseñar una institución que combinara el trabajo de lo que denomina promoción de la cultura con los estudios e investigaciones de las tradiciones culturales menos indagadas hasta entonces, desde un punto de vista no asumido por los investigadores que nos precedieron y haciéndolo de un modo y con un estilo de trabajo comunitario centrado en cada localidad del país, como no lo había hecho ni lo haría ninguna otra institución cultural cubana hasta el momento; cuando aparezca, retiraremos nuestra afirmación y les rendiremos honores.

Me refiero a la asignación de un papel de protagonistas a los sujetos individuales, grupales y a las comunidades creadoras y portadoras de esas tradiciones. Es lo que denomino el espíritu inspirador y movilizador que animó siempre cada uno de los proyectos emprendidos por Joel, que provocaba que sus seguidores inmediatos se involucraran en y que fueran capaces con su ejemplo de acción práctica de inspirar también a la gente humilde del pueblo a entusiasmarse con las propuestas. El Museo de las religiones populares de la Casa del Caribe es el vivo ejemplo de lo que estoy tratando de exponer para dibujar la personalidad creadora de Joel aun en los ambientes aparentemente más alejados de la creación, como lo son los que tiene que ver con la organización de un Museo que tratara en sus salas la mayoría de las expresiones de los sistemas mágico-religiosos del pueblo cubano. Al tratar asuntos de esta categoría al parecer tan pedestre, he sido cuidadoso al darle la autoría a quien la tuvo en la creación de ideas—como esta del Museo de las religiones populares de Gladys María Gonzáles Bueno—y de sus organizadores o ejecutores, entre quienes me encuentro, junto a mi padrino el Tata Nganga Vicente Portuondo Martín, en quien confió Joel la responsabilidad de Asesor para la Casa del Caribe para los Asuntos Religiosos, junto con el *babalawo* Pachiro , a quienes se debe la búsqueda incansables de muchos de los objetos que hoy atesora ese Museo, su compra, algunos de ellos de su confección manual personal y lo que resulta más importante, servir de equilibrio entre las fuerzas en pugna entre las familias religiosas presentes allí, algunas en tensión y pugna, y a buen entendedor pocas palabras bastan. Es deliro predicar con escapulario ajeno, decimos en venezolano y al César lo que es del César, título de una obra fonográfica del Cantor del Pueblo e ideólogo de la Revolución Bolivariana, el cantautor Ali Primera, a quien he escrito la obra biográfica y documental más acabada de cuantas se hayan escrito y que aguarda por ser publicada en Cuba, entre las tres publicada , una de ellas por el Despacho de la Presidencia de la República Bolivariana de Venezuela, con dedicatoria del Comandante Invicto Hugo Chávez Frías, que vivía para la fecha 2008 en que este libro vio la luz y que fue presentado en la Casa Museo que lleva el nombre del poeta ideólogo de este proceso de cambios irreversibles. Ese remedio debe aplicársele a quienes se han inscripto en la nómina de la fundación de eventos e instituciones en las que no se les vio el pellejo. Si los archivos no funciona o la memoria falla, aquí estamos los testimonios vivos para suplantarlos.

Repetidas veces escuchamos de labios de nuestro hermano y Maestro Joel James -- autor de su idea, fundador y mentor principal del proyecto creador que se puso en marcha esa noche -- que la Casa del Caribe había nacido del Festival del Caribe y éste de la personalidad cultural de la ciudad de Santiago de Cuba. Esta afirmación entraña un saber profundo: los proyectos colectivos descansan en unos sustratos que trascienden las voluntades individuales, el empuje de los grupos y aun el deseo de colectivos empeñados en echar al agua un sueño largamente acariciado, en intercambios esporádicos, en los espacios de la Universidad de Oriente y en otros sitios emblemáticos de la ciudad que nos cobijó… En efecto, esto constituye parte considerable de la verdad, la que se complementa con su correlato del aporte de los talentos de creadores individuales; no echa por la borda, pues, la idea de que cada institución son los hombres que la forman, realidad paradigmática que ha quedado plenamente demostrada con el caso de la Casa del Caribe y asunto que pocos se atreven a mencionar. En efecto, su origen debe ser rastreado en el movimiento cultural de la mencionada ciudad; su auge, en la voluntad de algunas de las autoridades locales que la aventaron, y su desarrollo, arraigo y extensión a lo largo de la geografía nacional y más allá de sus fronteras nacionales, fueron frutos, plenamente, de la aplicación del talento y de la energía de quienes la fundamos y la mantuvimos durante más de un cuarto de siglo, sin perseguir con ello ningún interés que no fuera el de llevar adelante una necesidad del pueblo de cuyo seno habíamos brotado, en puntos distantes del archipiélago cubano. ¿Alguien ha reparado que de los fundadores había un solo santiaguero, nacido en la ciudad o con probada idiosincrasia identitaria local?

En ocasión del proceso de categorización de la Casa del Caribe como Centro de Investigación científica, dediqué un preciado tiempo de mi vida profesional a preparar el complejo, delicado y voluminoso expediente exigido para iniciar aquel proceso, a llenarlo con toda una data recopilada mediante la reconstrucción de lo realizado durante los últimos cinco años en materia de investigación científica y de sus aplicaciones sociales, y luego a tramitarlo en las diversas instancias de los dos Ministerios que debían aprobarla: en el Ministerio de Cultura e instancias autorizadas del Ministerio de Ciencia, Tecnología y Medio Ambiente. Los miembros de la comunidad científica carecen de referencias para calcular la inversión de tiempo, energías y uso de relaciones que son necesarios para haber alcanzado meta tan preciada como ésta de obtener el reconocimiento oficial de lo que veníamos haciendo sin el "bendito pergamino". Este, finalmente, nos fue otorgado, pero no pude disfrutarlo porque coincidió con mi asentamiento definitivo en Venezuela en el año 2005 y desde este país me alegré mucho cuando supe que mis colegas de la Casa del Caribe habían empezado a cobrar su salario como investigadores. Hasta aquí esta historia de la "expedientación" de nuestra institución y del disfrute de ese nuevo estatus, en acto de justicia. Nunca opté por ningún tipo de reconocimiento, porque lo que he hecho ha sido siguiendo mi sentido del simple cumplimiento de lo que entendí como el deber. Pero no disfruto ni siquiera de la pensión que debieron otorgarme cuando solicité ser jubilado por quebrantos de salud física y por mis 37 años de servicios en la administración pública del país.

Empecemos por dejar claramente asentados aquí los nombres de las personas que, desde el 23 de junio de 1982, formamos parte del *staff* de directivos principales de esta institución: Joel James, autor de talento excepcional, líder aceptado por todos y cacique principal, y quien me liberó de Holguín al invitarme a aquella misión fundacional; Rafael Antonio Duharte Jiménez, la segunda cabeza pensante y nucleador académico principal, aunque inicialmente ocupó el cargo de subdirector para la promoción de la cultura; el historiador, recién graduado en 1973 junto con los primeros, Radamés de los Reyes, fue encargado del trabajo científico-investigativo y el poeta Jesús Cos Causse, de la cartera de la subdirección de las relaciones internacionales. Al escritor José Manuel Fernández Pequeño le fue asignado el trabajo de las ediciones, centradas en la revista **Del Caribe** y a mí, el área de la información y la documentación, a la que se sumaría, meses después, mi esposa Ivonne Menéndez Angulo, quien se convertiría sin embargo en pieza clave del trabajo al ocupar la secretaría ejecutiva del director de la institución.

Junto con Rubén López, quien sería por largo tiempo administrador de la Casa del Caribe, trabajamos varios meses antes de su inauguración en la preparación física del inmueble que había sido hasta hacía poco la casa de visita del Partido Comunista de Cuba, ubicado en la intersección de las calles 13 con 8, en el aristocrático barrio Vista Alegre. Este acto de justicia deberá extenderse a varios infatigables obreros que prestaron sus servicios en extensas jornadas de trabajo y en tiempos en que escaseaban los recursos técnicos y materiales para llevar adelante una nave única en muchos sentidos en el país, primero por su proyección internacional, delicada esfera manejada celosamente por las autoridades como uno de los cofres más codiciados del planeta. Yo los resumo en los nombres de las baracoesas Nora Durán—que fungió como recepcionista-- e Isabel Matos Mora, asignada como mecanógrafa al Centro de Documentación e información Toussaint Louverture que fundé y dirigí durante varios años, quien luego sustituiría a Ivonne como secretaria del Director y se residenciaría con toda su familia, años más tarde, en República Dominicana y hoy en la ciudad de Miami, donde residen otros colegas de la Casa del Caribe...

También algunos escritores, como el prematuramente malogrado poeta Luis Díaz Oduardo y artistas de la plástica, que voy a resumir en los nombres del escultor y artista plástico Alberto Lescay Merencio y del también escultor Guarionex Ferrer Estiú, fueron impulsores de proyectos que deben ser tomados como antecedentes indispensables de muchas de las ulteriores realizaciones más descollantes de nuestra institución…Fue relevante el papel desempeñado por actores del Cabildo Teatral Santiago en la organización de las dos primeras ediciones del Festival de las Artes de origen caribeño, realizadas en el mes de abril de 1981 y 1982, en saludo al aniversario de la victoria de Playa Girón, credencial de estos queridos compañeros que ha sido muy bien registrado en el libro **La Casa del Caribe: sueño y realidad**, impreso por la propia institución en el 2000 y que yo me atrevo a resumir en los nombres del camagüeyano Rogelio Meneses Benítez, quien se desempeñaría como el Director artístico del Festival del Caribe y de la actriz Fátima de la Caridad Patterson y Patterson. El testimonio aportado en aquel librito por algunos de los fundadores de la Casa me ha servido de inspiración para apuntar algunos elementos de juicio que omití cuando se grabaron nuestros recuerdos del arranque y que, vaya usted a saber basado en qué razón, estoy obligado a aportar a esta visión de lo que realmente antecedió a la fundación de la Casa del Caribe. Creo que en aquel libro se omitieron elementos que deben ser tomados en cuenta por quienes busquen "la verdad verdadera", como decimos los venezolanos.

Muchos de estos compañeros habíamos emprendido juntos—años atrás-- varios proyectos culturales, entre los que deben ser mencionados las dos ediciones del Encuentro de escritores orientales, verdadero esfuerzo académico que llamó la atención del país acerca de la existencia en la Ciudad Héroe de la República de Cuba de un importante movimiento intelectual y cultural que tenía destacados exponentes en la esfera de la creación literaria y, sobre todo, de los estudios culturales, así como de la reflexión en torno a la historia de Cuba, de los batientes trascendentales de su cultura y temas tan controversiales y peliagudos, como el de la formación de la *identidad* cultural, de la nacionalidad y de la nación, entre otros. Lamentablemente nuestras ponencias contenidas en los volúmenes que imprimimos en mimeógrafo han sido echadas al olvido, salvo las que luego fueron publicadas en revistas o incluidas en libros de autoría individual…En sus temas, discusiones y discursos, puede encontrarse el núcleo de nuestras preocupaciones intelectuales y políticas principales orientadas a resaltar la importancia del preocupante flujo de la migración del campo a la ciudad y principalmente del extremo Este de la Isla hacia La Habana, lo cual causó a la larga el enflaquecimiento intelectual de ciudades con tanta vida cultural como Santiago de Cuba, Guantánamo y Manzanillo, entre otras no menos relevantes.

Para la fecha, en Santiago de Cuba el trabajo de investigación recibió un impulso inusitado en compañías artísticas que lo habían hecho antes sólo para obtener referencias culturales y patrones artísticos útiles a sus puestas en escena, entre las que cabe destacar aquí a las siguientes compañías: de teatro, el Conjunto Dramático de Oriente (fundado en 1961) y de danzas, el Conjunto Folklórico de Oriente (la más antigua, fundada para la década de 1960…) En esta última compañía dancística es obligado mencionar a los inquietos coreógrafos de reconocida trayectoria internacional Antonio "Tony" Pérez Martínez y al prolífico Aldo Durades Román, Tatandi de los Musundis de Cuba, quien devino en mi *padrino* a partir de haber tomado sombra en su fundamento luego de la muerte del Tata nganga Vicente Portuondo Martín que me inició en Palo Monte en Venezuela en la década de los noventa. La compañía de bailes Cutumba surgió en 1975 a partir de la división en dos "brigadas" que se produjo aquel año en el seno de aquella importante agrupación del baile artístico ya desaparecida y es la que actualmente más se le acerca a la desaparecida compañía Conjunto Folklórico de Oriente, gracias al talento de quien lo dirigió magistralmente: nuestro querido amigo Roberto "Papo" Sánchez.

En cuanto a la compañía de teatro Conjunto Dramático de Oriente—luego denominada Cabildo Teatral Santiago—, contaba con personalidades de alto vuelo tanto en su calidad de actores y dramaturgos como en sus ideas y enfoques creadores, entre quienes sin duda fueron los más relevantes los hoy desaparecidos, el tunero-holguinero Raúl Pomares Boris, el camagüeyano Rogelio Meneses Benítez y el serrano Ramiro Herrero Beatón y aquel movimiento teatral experimentó un cambio radical con la entrada del recién graduado universitario Joel James Figarola, quien ocupó en ella el cargo de asesor histórico y la orientó hacia el estudio de propuestas escénicas creadas por el poder del pueblo y surgidas en los barrios tradicionales, con especial énfasis en el barrio Los Hoyos.

Este barrio se convertiría en uno de los objetos de estudio principales de la labor futura de nuestra gloriosa y lúcida Casa del Caribe, la que emergió al abrigo de una institución que nos había albergado a partir de 1976: el Taller Cultural, donde lo que habían sido ideas más o menos vagas se fueron convirtiendo en proyectos creadores cada vez con mayor perfil, organicidad y fuerza. De modo que en el Taller Cultural fue prendido el motor y se desencadenó el núcleo humano motivador de la Casa del Caribe, con la presencia de algunas personas que formaríamos parte del tren directivo de la nueva institución. Recuerdo como uno de los eventos más significativos el ciclo de conferencias con la temática de África, en la que tuvimos la excepcional ocasión de departir con su disertante principal, el erudito doctor Armando Entralgo.

Casi todos los fundadores de la Casa del Caribe coincidíamos en una médula fundamental de conceptos e ideas; ideales y estilo de vida, así como en posiciones políticas audaces y valientes. Se trataba de un núcleo de creadores literarios, historiadores y promotores de la cultura que habíamos emprendido en la década de los setenta el primer ensayo de acercarnos a un tema que terminaría por hacer girar nuestras vidas y acciones alrededor suyo: el de la identidad cultural de la región Oriente, por donde se explica el origen y desarrollo de la historia de Cuba. No obstante, en la intimidad, percibíamos brechas generacionales que terminarían por hacer aflorar contradicciones, mosqueos y, en ocasiones, enfrentamientos verbales que conducirían a brechas en la realización de proyectos. Tempranamente se producen algunas desfragmentaciones que logran ser conjuradas por la constante reorganización del núcleo directivo de la institución, impuesta por factores a menudo subjetivos, al parecer, intrascendentes, pero que provocaron cambios adoptados, operativamente, para garantizar la marcha exitosa de la "máquina Caribe" que había despegado con el respaldo político más elevado que institución de cultura hubiera tenido en aquella etapa difícil de la vida cubana, según puede comprobarse en el conjunto de documentos que se adjuntaron en los primeros números de la revista **Del Caribe** y luego en el primer intento de hacer algo de historia de lo hecho, compilados en el ya referido opúsculo **La Casa del Caribe. Sueño y realidad**.

La Casa del Caribe fue insignia en muchos asuntos tanto de la vida institucional académica como de su combinación armoniosa con un amplio plan de promoción cultural y, como suele suceder, también recibió el impacto de la migración de algunos de sus mejores fundadores e investigadores hacia algunos países de la región a los que se comprometió a estudiar y promover, y hacia países lejanos, como Canadá, y luego también a otros centros de trabajo de la ciudad. Algún día habrá de sincerar el relato de su partición interna, por contradicciones muchas veces dictadas por enfrentamientos directos de la jefatura máxima y cohesionadora eficaz con los "lugartenientes" inmediatos, marcado por la remoción inicial del Subdirector Radamés de los Reyes y luego por la baja voluntaria del historiador Rafael Antonio Duharte Jiménez, cuya salida de la Casa del Caribe marca el "punto de quiebre" significativo, porque en sus manos estuvo concentrada la imagen científica y de seriedad, equilibrio y equidad ante los ojos del mundo académico nacional e internacional. Pero hubo sabiduría y energías creadoras acumuladas y eficaces para sobreponerse a estas contingencias internas, como las hubo—en demasía y contra todo pronóstico—para salir exitosa de esa fractura estructural que se llamó "período Especial en Tiempos de Paz", del cual salió fortalecida nuestra institución. Debo reconocer que esta partición interna ha resultado conmovedora desde que, en el 2006, se produjo el fallecimiento—en menos de año y pico—de quienes constituyeron los símbolos que la hicieron brillar y resplandecer por la originalidad de sus ideas, creatividad ilimitada en cada uno de los proyectos que se imaginaban a diario o se producían a pesar de las limitaciones de recursos materiales, financieros, tecnológicos, métodos de investigación científica y un especial accionar cotidiano que rompió en mil pedazos la dinámica de la mayoría de los organismos similares que habían existido en la Cuba posterior al "año de enero" de 1959.

1.1.2 Francia en Haití y Haití en Cuba: el gran descubrimiento científico de Joel James

Sólo la investigadora Laura Cruz, antigua colega de la Casa del Caribe, ha continuado sus estudios acerca de la presencia francesa en Cuba. Hemos olvidado el primer encuentro nacional cubano-francés, realizado con la presencia de importantes académicos de ambas nacionales; las primeras ediciones de los encuentros ce Tumbas francesa y la excepcional labor llevada a cabo a lo largo de la Sierra Maestra, en recorridos hechos desde las montañas que rodean a Santiago de Cuba hasta las próximas a Guantánamo, todos con el objetivo de culminar el catastro de las ruinas de los cafetales franceses, gracias a cuyos resultados estas ruinas fueron incluidas en la Lista de Patrimonio de la Humanidad por la Unesco, como también lo harían esas instituciones tan mal estudiadas que sus portadores denominan Tumba Francesa. Lamento que no hallamos seguido las huellas de quien nos guió en esa monumental investigación de campo: el último de los enciclopedistas cubanos, el sabio santiaguero, nacido en Palmarito de Cauto, Don Fernando Boytel Yambú, a quien le dedicamos, desde su primera edición dominicana, nuestro libro **El vodú en Cuba** en justo homenaje a su obra pionera en Cuba en lo que se refiere a la indagación de la presencia, alcance y reconstrucción del cafetal La

Isabelica, ubicado en la Gran Piedra. En esta ocasión (2018) en que estuve en Cuba, me fue imposible hurgar en sus valiosos archivos personales, estacionados en la casa de un hijo que vive en la ciudad de Holguín.

¿Pero antes que surgieran investigadores profesionales que se dedicaran a estudiar el tema de la presencia de Francia, la inmigración francesa y la haitiana en Cuba, hubo estudiosos que en otros sitios de Cuba y del Caribe, dedicaron parte de sus esfuerzos a aproximarse al tema. En 1983 cuando visité por primera vez la isla francesa de Guadalupe, me asombró la descomunal obra del profesor Dr. Alain Yacou, cuya tesis de doctorado de tercer grado impresa acerca de la presencia francesa en Santiago de cuba deposité en la Biblioteca Nacional José Martí de La Habana y cuya valiosa documentación espera todavía por ser usada por los investigadores. Salvo el estudioso santiaguero Rómulo Lachataignere y uno que otros estudiosos, esta temática sólo fue tratada por miembros de las compañías de baile de Santiago de Cuba con el pragmático fin de montar obras de las artes escénicas. Cuando revisé la sección de tesis de grado de la Biblioteca central de la Universidad de Oriente, no encontré ninguna tesis que tratara esta temática. Yo tuve la dicha de ser vecino del Maestro Juan Bautista Castillo, a quien consulté ampliamente acerca de la temática del gagá, el que él había estudiado concienzudamente durante aquel período creativo de la ciudad y siempre fue para mí una fuente de primera mano para hacerle consultas acerca de temas que muy pocos conocían en Santiago de Cuba y menos en la

Casa del Caribe. El investigador y docente, hoy doctor Rafael Brea López y mi persona le proporcionamos reconocimiento a este genial bailarín de jiribilla y coreógrafo en nuestro libro **Grupos folklóricos de Santiago de Cuba**.

Al leer algunos trabajos realizados en mi larga ausencia del staff ejecutivo e investigativo de la Casa del Caribe, me asombro de cómo se han ido tergiversando aspectos tan medulares como los relacionados con el arranque de los estudios acerca de la presencia franco-haitiana y de la presencia haitiana en el Oriente de la Mayor de las Antillas, en lo cual fuimos pioneros en muchos sentidos a nivel nacional e internacional. Al leer la tesis titulada Vodú Chic: Cuba s Haitian Heritage, the folkloric Imaginary and the State , de la aspirante al doctorado en Filosofía Grete Tove Viddal, de la Universidad de Harvard, mi asombro ha pasado de gris a castaño al comprobar muchos comentarios de antiguos compañeros de labor académica y me veo obligado a exponer algunos datos para esclarecer mi papel en las investigaciones de campo que comenzamos a realizar, mediante un equipo de estudios de la institución antes referida, a principios de los ochenta en comunidades haitianas cercanas a la ciudad de Palma Soriano, como Barrancas y Thompson, y del macizo cañero también cercano a este asentamiento urbano como La Caridad, ubicada en el Ramón de Guaninao y luego de Pilón de Cauto, cerca del asentamiento semi-urbano de Dos Palmas. Parte de la presente introducción la comencé a redactar hace algún tiempo y ahora las repaso para su mejor comprensión y fundamentación.

1.3.- La verdad verdadera del estudio El vodú en Cuba

Ahorita estoy obligado centrarme en explicar dónde y cómo se originó el texto que sometemos hoy a la evaluación de los lectores. Me permito aclarar que antes de mi entrada como fundador de la Casa del Caribe, ya había incursionado en la cultura haitiana y había publicado un trabajo acerca de su narrativa. En efecto, en el período vacaciones de mis años como estudiante de secundaria básica, me vinculé en las recogidas de café, en las montañas de la Sierra Maestra, con haitianos que trabajaban como recogedores de café y convivían en albergues ubicados en las fincas donde hicimos esta labor, ubicadas en Guantánamo y Santiago de Cuba. Había estudiado la novelística haitiana y mi trabajo Tres novelas haitianas no se incluyó en el primer número de la revista **Del Caribe** porque lo hice llegar demasiado tarde a sus editores, aunque lo publicaron en el número siguiente. Dudo que haya cubano que en su niñez no haya sido impacto por el miedo de los hombres con macutos que luego resultó que se trataba de la representación de los temidas hordas de los ton-ton macoutes, esbirros de la dictadura del Papá Doc. Francois Duvalier.

El presente librito cuyo contenido y alcance pasaré a comentar, es fruto de una reflexión, maduración intelectual-filosófica y elaboración prolongada, acerca de los textos que habíamos publicado por separado y, algunos, los habíamos incluido en libros que fueron apareciendo en la década de los ochenta y a principios de la década siguiente. Así, en el libro **Grupos folklóricos de Santiago de Cuba**, con la autoría del colegay amigo de muchos años, profesor Dr. Rafael Brea López En tal sentido, preciso aclarar que la primera edición del libro **El vodú en Cuba** la publiqué en la República Dominicana en 1992, con la inclusión en ella del estudio de Joel James que éste tituló "Cuba y Haití en la historia y la cultura: acercamiento a los mecanismos de intercambio cultural entre cubanos y haitianos". El texto del libro que, en su conjunto, yo redactara y que más tarde yo revisara en función de su edición definitiva en la sede de la Casa del Caribe con el editor dominicano Avelino Stanley, del Centro Dominicano de Estudios de la Educación (CEDEE), como bien ha explicado el actual Director de la Casa del Caribe, Orlando Vergé Martínez, obtuvo en 1992 el premio nacional de investigaciones socioculturales del Ministerio de cultura de la República de Cuba, aunque el diploma que lo acreditó está fechado un año después. En el año 2009, el libro sería seleccionado como uno de los mejores cincuenta resultados científico de Santiago de cuba en los últimos 50 años…

A pesar de haber obtenido en 1992 tal distinción rigurosa, surgieron muchos cuestionamientos, como el de que el libro se inscribía en una línea marcadamente positivista y que había sido escrito solamente por Joel, entre otros comentarios insidiosos. Salvo honrosas excepciones, numerosos investigadores y algunos académicos de La Habana, mantuvieron un silencio sepulcral acerca de tan notables descubrimientos científicos por parte del equipo de estudios de las religiones tradicionales del pueblo cubano de la Casa de la Caribe, igual que lo hicieron en torno a otros sistemas mágico-religiosos que descubrimos y describimos oportunamente, como el de la Regla Muertera o Muerterismo—definición hecha por Joel James--, cuyo primer artículo de mi autoría lo publiqué en la **Revista de Folklore**, de Valladolid en 1998, al no ser aceptado en su versión primigenia por nuestra revista **Del Caribe**—resulta hoy es imposible de creer por parte de quienes no conozcan nuestra realidad mágico-religiosa--, cuyo director argumentó (a pesar de la nota de Joel James autorizando su publicación) que el texto parecía como que hubiera sido escrito por un espiritista¡¡¡¡¡ Yo quise mucho al escritor y compañero muy respetado por todos en la Casa del Caribe, Jorge Luis Hernández, de quien estoy hablando, pero todavía ese recuerdo revoletea en mis oídos como parte de lo que Gabriel García Márquez definió como lo real maravilloso de nuestra realidad…porque yo para entonces era profundamente ateo¡¡¡¡

La recolección de la *data* que nos sirvió para elaborar el texto original de esta primera edición dominicana del libro **El vodú en Cuba**, contaba con pocos antecedentes documentales de la autoría de valiosos investigadores de La Habana y de otras provincias, pero que fueron tomados en cuenta, al punto en que les acredita ampliamente en el aparato crítico de la obra. Jamás estuvo en nuestro espíritu caer en el error imperdonable de no reconocer la labor de quienes nos antecedieron en esta ecuménica labor de posicionamiento del lugar de Francia, de Haití y de su legado en nuestros estudios iniciales, incluso la dedicatoria al pionero de estos estudios, Don Fernando Boytel Jambú, es bien categórica a propósito de reconocimientos.. Pero la fuente de la de que partimos para la elaboración del libro, sobre todo, había sido iniciada por un equipo de estudio que Joel James organizó en 1982 para realizar investigaciones de campo en las comunidades cubano-haitianas rurales ubicadas en la Sierra Maestra, comenzando por la comunidad cubano-haitiana de La Caridad, cercana al asentamiento serrano de El Ramón de Guaninao y luego a la de Pilón de Cauto, relativamente cercana al asentamiento sub-urbano de Dos Palmas. Ese equipo de estudio estuvo integrado, inicialmente, por el historiador de El Cobre, Lic. Julio Corbea Calzado, por el palmero y hombre de teatro Lic. Max "Macito" Barbosa, cuya casa ubicada en la ciudad de Palma Soriano era punto obligado "de estancia" en nuestros viajes de estudios y por el actor de teatro Ricardo Alexis Alarcón Fajardo, nacido como Ramiro Beatón Herrero en la Sierra Maestra. Con sus miembros, tuve la dicha de involucrarme en el maravilloso mundo de la rica espiritualidad de la *haitianidad*, de realizar grabaciones magnetofónicas de ceremonias y entrevistas, así como de tomas de fotos que alimentaron el archivo de la Casa del Caribe y el archivo personal mío en virtud de que las fotos eran de mi autoría, y las alojé en mi hogar, en el apartamento 7 del Reparto Pastorita Núñez, cercano a la Casa del Caribe.

A ese equipo luego se integraría la entonces secretaria de Joel James, técnica en documentación Ivonne Menéndez Angulo, madre de mis cuatro hijos, entonces mi esposa, quien se encargaría de realizar las transcripciones de las cintas magnetofónicas, su mecanografiado y luego llegaría a elaborar un glosario del vodú que publicamos en la revista cubana **Signos** que publicaba primero el escritor Jorge Luis Vieira y luego por Carlos Alé, perteneciente al Ministerio de cultura de la República de Cuba. Finalmente, el morocho Manuel "Manolito" Santana, promotor cultural, formaría parte también del equipo de estudio, en virtud de haber elaborado un excelente trabajo de investigación acerca de la comunidad haitiana de Pilón de Cauto, cuyo documentado trabajo escrito que le sirvió de tesis, pasó a ser referencia obligada de nuestros estudios y que Joel James cita en varias ocasiones en el texto de su autoría que aparece en el libro **El vodú en Cuba**.

Finalmente, en el equipo de estudios de las religiones entraron otros compañeros, especialmente cuando nos dedicamos a materializar una idea hacía años expuesta por la querida investigadora Gladys María González Bueno: la de la organización de un Museo de las religiones populares, el que ella se propuso levantar en el barrio de Los Hoyos, sin conseguirlo, a pesar de sus numerosos esfuerzos y de nuestras incansables gestiones por conseguir el local. El viejo inmueble situado en la calle 13 con calle 2, en el Reparto Vista Alegre, que el gobierno municipal nos donó, resultó el ideal para que pusiéramos en práctica el sueño de Gladys María González y en una reunión con las personalidades "cabezas de familia" de las principales religiones afrocubanos de la ciudad, logramos que se pusieran de acuerdo en la distribución de los espacios donde ellos se aplicarían más tarde a diseñar su espacio expositivo y colocaron en cada uno de ellos la parafernalia de los cultos que correspondía a cada uno de los sistemas mágico-religiosos cubanos que ellos representaban. La idea era que se tratase de un espacio sagrado, no de un espacio profano concebido, alimentado y configurado por museógrafos, técnicos y especialistas a la manera en que nos los encontramos en muchos países y en la propia Cuba, como los dedicados a la Religión Yoruba con marcado signo de referirse a la africanidad, que está frente al Capitolio Nacional o los de las ciudades de Guanabacoa y de Regla, todos situados en la ciudad de La Habana.

De igual manera, en la primera edición cubana de **El vodú en Cuba**, hecha en 1998 por mi persona con mi colega, la licenciada en Letras y amiga Ángela Hechavarría, en su condición de editora designada por la Editorial Oriente de Santiago de Cuba, partí del manuscrito de su primera edición dominicana e incluimos en ella el trabajo de Joel James, antes citado- como él había autorizado a que fuese colocado en el libro publicado por mí en Santo Domingo-- y así lo hicimos, haciéndole yo algunas modificaciones al texto original del libro, ampliando levemente las fuentes documentales y el material visual, las fotos en su mayoría tomadas por nosotros en el proceso de investigaciones de campo y de la obtención de la data. Aclaro que no soy responsable de la segunda edición cubana que realizaron en el año 2007 sin consultarme en absoluto, siendo yo el autor principal, dada la muerte de Joel James, ocurrida en el 2006, que fungía como el primero de los autores, y con sorpresa vi que en ella se había suprimido el material visual fotográfico, que tanta relevancia tiene para el este tipo de publicaciones etnográficas y aún más tratándose de un tema realmente desconocido para la mayoría de las personas de a pie de nuestro pueblo, y más para los lectores de otros países, en general alejados o ajenos a tales temas tan especializados, como lo es el de la o las variantes del vodú cubano.

1.4.- El presente librito

En la presente entrega —cuyo destinatario es el pueblo cubano que habita en Cuba y en el planeta Tierra— incluí el texto de mi autoría introductorio a las edición primigenia dominicana (1992) y cubanas (1998,2007) del libro **El vodú en Cuba** que, en esta ocasión, aquí titulé "Haití en Cuba; Cuba en el Caribe ¿bajo el signo del vodú?", el que he publicado en varios sitios de internet con algunos cambios de contenido y de redacción. Asimismo incluí los textos relacionados con los conceptos y prácticas relacionadas con el vodú como sistema mágico-religioso, la magia y la hechicería; tales como se ha producido y lo reportan los principales estudiosos del vodú de Francia, Suiza, los Estados unidos de Norteamérica, República Dominicana y el propio Haití. Uno de los textos que suscita mayor interés entre el gran público mundial, trata los espíritus del panteón del vodú haitiano—cuyos espíritus principales son los llamados *loa, lwá, lois* —y me he centrado en la presentación de aquellos pertenecientes a la familia de los *diablos* o demonios que habitan las montañas cubanas de la Sierra Maestra; y creo que es uno de los asuntos de mayor interés en esta parte de la presentación lo constituye la visión y relación que establecen con ellos los propios creyentes y practicantes de las comunidades de haitiano-descendientes estudiadas por nosotros durante muchos años.

Finalmente, creemos sumamente útil cerrar nuestro librito con la inclusión del glosario del vodú que, como es habitual en cada uno de mis libros, apareció en una versión preliminar, en las mencionadas ediciones, hechas en ambos países (en Dominicana y en Cuba), de nuestro libro en cuestión y en otras publicaciones en soporte físico, como en la revista **Signos**, del Ministerio de cultura de Cuba y en internet, como en el sitio www.archivocubano.it, que dirige y produce el amigo antropólogo italiano Carlo Nobili. El contenido, la "forma" y la escritura de todos estos textos incluidos aquí han sufrido modificaciones sustanciales en lo que concierne a conceptos, ideas, puntos de vista y visiones de mundo, en correspondencia con los cambios que he experimentado en el transcurso de mis estudios, de mis viajes a Dominicana, a Haití e investigaciones de campo realizadas a la fecha posterior de las que realizamos en Cuba durante más de dos décadas y que dieron origen a los textos que aparecen en esas ediciones mencionadas, ahora reelaborados.   Tener presente que he vivido desde el año 1993 de Venezuela y en estos momentos resido en un barrio, encaramado en una loma, donde habitan humildes haitianos que cada domingo marchan enflusados a sus sesiones de iglesias evangélicas y que se asombran de encontrar a un cubano que les hable de su espiritualidad y de vodú.

Expongo, sumariamente, algunos puntos de vista a guisa de ejemplo de estos cambios operados en mi actual visión sobre el vodú. Primero, creo que en Cuba han coexistido desde fines del siglo XVIII hasta el presente la versión primigenia del *vodú haitiano* aportada por la inmigración francesa o franco|-haitiana forzada por la Revolución haitiana y por la posterior emigración económica haitiana a la Mayor de las Antillas, con la *variante cubana* de ese vodú que brotaría en un largo proceso de adaptación a las condiciones materiales, el medio social prejuiciado y a las circunstancias culturales en que se produjo la implantación francesa en la Isla; se recrearía y brotaría a lo largo de la segunda mitad del siglo XIX y en las primeras décadas del siglo XX; segundo, los aportes de los pueblos amerindios son mucho más importantes de lo que calculamos y expresamos en la versiones originales de nuestros textos iniciales publicados tanto en Cuba como en otros países y en la versión primigenia dominicana y posteriores cubanas del libro **El**

vodú en Cuba y en otras publicaciones posteriores, en las que tratamos la temática de este sistema mágico-religioso caribeño de oriundez haitiana. Finalmente y no por colocarlo en tercer lugar es porque ello responde a una categorización jerárquica, deberemos valorar mejor el aporte bantú, específicamente kikongo, en la formación inicial, desarrollo y en la plasmación del vodú en Haití y en su variante cubana, denominada *ogunismo* por el creador histórico, literario y filósofo Joel James. Esta última justi-apreciación la he fundamentado en la obra del Dr. Masengo Ma Mbongolo, intelectual, estudioso y promotor del lugar e importancia del Kongo, en la Madre África y en su diáspora en el Nuevo Mundo y, muy particularmente, a partir de la lectura de su tesis de doctorado titulada **El vodú visto por un congolés.**

Espero con este librito contribuir a que los cubanos tengamos una mejor visión de nuestra identidad como nación y mentalidad como pueblo a partir del reconocimiento justo de lo que nos aportaron Francia y el Caribe por conducto de ese pueblo creador que es el pueblo haitiano, en materia de cambios de paisajes como el que tuvo lugar en el mayor macizo montañoso más importante del país que es la Sierra Maestra; en transformaciones en la economía de la sociedad cubana, como la experimentada en la industria cafetalera que escaló al tercer puesto mundial; en las visiones de mundo, de la espiritualidad, de la cultura en cuanto a costumbres y gustos estéticos , de la lingüística, de huellas ostensibles en la creación de regiones históricas como la del Oriente de Cuba, de ciudades enteras, como la de Cienfuegos y de huellas que han perdurado y perdurarán para siempre en la psicología y en el ser de nosotros, los cubanos, en nuestra identidad como pueblo y en la praxis histórica que arranca en el proceso de nuestra intendencia del yugo imperial de España y que se extiende hasta el presente. Y que nadie, ningún cubano, donde quiera que habite, se sorprenda cuando afirmemos que la segunda lengua hablada por el cubano es el criollo haitiano y una de sus religiones más influyentes e impactantes socialmente es el vodú. Esto es coherente con Hatuey, cacique proveniente de Haití, quien se unió a nuestra población aborigen para oponerse a la conquista de Cuba iniciada por los españoles y que fue quemado vivo al pie de la ceiba de Yara, justo en el Oriente, por donde sale el Sol en la Mayor de las Antillas y, relativamente cercana por el Sur, a Santiago de Cuba, la capital cultural del Caribe, donde nací, me creé y surgí a la vida con el asombro de la realidad maravillosa que nos rodea allí.

Los Teques, Guaicaipuro, Venezuela, junio 13, 20017, marzo.26.2018.

Capítulo II.-**Haití en Cuba; Cuba en el Caribe ¿bajo el signo del vodú?**

En solidaridad con mi heroico, rebelde y creador pueblo haitiano, en este instante de dolor por el reciente paso devastador de tres ciclones.

Como en Haití y en la República Dominicana, en Cuba existe un espectro muy amplio de *espacios sagrados*, con su tipología y sus características, en correspondencia con el tipo de sistemas de pensamiento religioso de base africana o de las numerosas variantes cubanas del *espiritismo* que he estudiado y publicado en algunos de mis libros. Con el sistema de pensamiento religioso conocido por *vodú* o religión de los *luá* (loa) o *misté* (mystére) sucede algo similar: depende de las variantes de que se trate y de su ubicación topográfica de la cofradía *voduista*--sea en lo más intrincado de la Sierra Maestra, en comunidades del llano cañero o en lo más visible de una populosa ciudad-- y aun de los caprichos del jefe de la cofradía y de su relación con sus familiares religiosos, ahijados o pitífei (*petit feuilles)* más allegados. Existe gran diversidad en cuanto a la especie de "altares", la mayoría, rústicamente construidos en el interior de una habitación dedicada a la práctica religiosa consuetudinaria, o colocados en una pieza de la casa de vivienda del oficiante principal de una cofradía *voduista*. Encontramos el caso extremo en que no existe construcción alguna destinada a este fin convencional, sino que el suelo del *hunfó* es el *espacio sagrado* por excelencia, encima del cual se colocan exclusivamente las famosas piedras que son y representan a los *loa, misté* o *misterios*, que son espíritus o *vodún* propios de esta cultura milenaria. Otros "altares" han sido elaborados, también con madera, pero con las más refinadas técnicas de las artes de experimentados carpinteros y artesanos. Estos "altares" pueden ser permanentes y estar ubicados en una pieza o son construidos sólo para la celebración de los festivales con que se honran a estas deidades, igual que la enramada o *peristyle* que se coloca en el exterior de la vivienda del sacerdote *voduista*. Encima, detrás, al costado o en sus alrededores se colocan una variedad tan grande de objetos, que haría interminable su descripción. Pero ésta es exclusivamente la parte material y visible del concepto del espacio sagrado que tienen estos creyentes y, su increíble variedad, nos puede conducir a ideas engañosas acerca de él, como intentaremos demostrarlo a continuación.

El verdadero concepto de espacio sagrado es el *continuum,* interminable e insondable, que se traza—a través de un puente secreto que son los famosos *vevé*— dibujos que constituyen real puente entre lo visible, lo oculto y lo invisible. El concepto de espacio sagrado incluye elementos de la más heterogénea naturaleza, como estos objetos tangibles mencionados en el párrafo anterior, un animal totémico, como la serpiente, su representación mediante imágenes diversas o también, sencillamente, un árbol, una roca, un accidente geográfico, como un río, el mar, el viento o el sable de un guerrero que custodia el ángulo, insólito --por ardiente y abrazador--, de ese mismo espacio, en vigilia perenne: me refiero a la custodia del fuego, alrededor del cual se suceden los más increíbles eventos que han concitado la admiración y el asombro de muchos que han conocido el vodú sólo durante la realización de sus festividades públicas. Como se aprecia, estamos en presencia de un asunto que rompe las medidas que se le establecen a la materia para adentrarnos en caminos y ámbitos, para cuyo tránsito no estamos casi siempre bien preparados quienes cargamos una mentalidad de hombres occidentales. De ahí que haya tanta gente que se haya perdido en los arbustos y exteriores de estas religiones, a veces irremediablemente, como la profesora Dra. Jualynne Dodson, al intentar comprender este misterioso universo a través del concepto de espacio sagrado que venimos aquí tratando. Yo, para despertarla de su lamentable confusión, le he adelantado una metáfora al decirle lo que entiendo por espacio sagrado en el vodú, llevado por los haitianos a República Dominicana y a Cuba en épocas distintas: es un sable que custodia el fuego de una hoguera en lo alto de una montaña, al amparo de un cielo silencioso o cruzado de fieros relámpagos, como sucedió la noche memorable en Bois Caimán, en el Haití de agosto de 1794.

Adentrémonos en el significado de esta imagen vibrante de los machetes afilados por aquellos complotados. En efecto, esta aparente anarquía no nos puede llevar a las afirmaciones hechas por relevantes personalidades académicas que han estudiado rigurosamente el vodú, pero no el que se representa en y es a su vez el árbol, sino sólo al bosque. Para uno (Courlander, 1985: 23) ¨los haitianos no tienen un sólido modo de alcanzar a captar las esencias ocultas, pudieron ver los árboles, pero no el cuadro esquematizado del mundo sobrenatural¨, lo cual explicaría el desaguisado del etnólogo suizo Alfred Metraux para encontrar una teología vodú, que para él no existe, por cuanto los adeptos de ese mundo se enfrentan a ¨ las representaciones a un tiempo variadas, fragmentarias y contradictorias¨ de ese mundo sobrenatural y que son las propias y distintivas de esa religión, denominadas por ellos como loa, santos, ángeles, misterios e incluso demonios.

La confusión de tales estudiosos reputados a nivel internacional consiste en que el vodú ha sido visto por ellos como lo que no es: como un cuerpo doctrinario rígido y esquematizado del mundo, una cosmovisión y un sistema de creencias único e inalterable. Por el contrario, esta religión se ha comportado como un organismo vivo capaz de resistir las presiones y las represiones más inimaginables no sólo de parte de la cultura dominante, sino por detractores, tergiversadores y manipuladores a través de cuyos ojos algunos investigadores la han reflejado. Y así mismo ha ocurrido con el vodú implantado en Cuba a fines del siglo XVIII y principios del XIX, en razón de otras circunstancias particulares y, en definitiva, más fuertes y angustiosas, durante la colonia (1492-1898) y en el período de la República (1902-1958).

Pongamos cada cosa en su lugar para evitar más enredos y confusiones. Ni en el país donde surgió, es decir, Haití, ni en el segundo donde emigró, para quedarse, ni en el nuestro, el vodú ha sido—como veremos más adelante—mezcla de dos religiones: del catolicismo, como doctrina de una Iglesia y del simple animismo primitivo aportado por los negros traídos aquí, procedentes de otro continente, en condición de siervos. A lo sumo, hay que verlo como algo nuevo, como señala Price Mars (1968: 206), ¨asaz insólito, en extremo embarazoso", pero no hasta el punto de explotar en una manifestación de individualismo anárquico, como él lo ve. De ahí la perplejidad de Harold Courlander cuando encontró que, en Port- au-Prince, no hay dos *hunfó* que sean iguales ya que ¨

cada sacerdote diseña su *hunfó* a su propia forma", del mismo modo que ¨ es posible ver cientos de ceremonias sin ver nunca la misma dos veces ¨ (1985: **passim**) La mentalidad del hombre cristiano o aun la del protestante, ¿podrá alguna vez vernos como seres esencialmente creadores y diversos, tan capaces como para no repetirnos en casi nada de lo que hacemos con las manos o con el espíritu? Tarea lás más difícil de todas, cambiar la mentalidades de quienes nos conquistaron, colonizaron y siguen teniendo un dominio de nuestras mentes a través de muchos mecanismos perversos de dominación, como este de tergiversar el fondo esencial de nuestras espiritualidades.

Quizá, si el colega Courlander hubiese paseado conmigo por las infinitas casas-templos espiritistas y *muerteras* de nuestra región del Oriente cubano, se hubiese curado de su anonadación o tal vez hubiese colapsado rápidamente, quién sabe¡¡¡, al verificar una diversidad en altares aun mayor que las que vio en Haití en los supuestos "altares" voduistas… El problema consiste o está en la lógica o en la razón euro-occidental judeo-cristiana aplicada como método al estudiar nuestras culturas, la que impiden alcanzar un *concepto del hombre caribeño* como al que hemos logrado arribar merced de nuestro esfuerzo heurístico desprovisto de tales orejeras o anteojos equívocos o, aún peor o imposibles para ellos, al concepto de las sociedades que han sido capaces de elaborar complejas visiones del mundo a las que sus prácticas religiosas aluden, desde el universos infinito de la creación, como el que se expresa en sus representaciones artísticas, de algo vuelo estético, como las de dibujos vevé que nos posibilitan una mirada a los misterios del mundo invisible que subyace bajo nuestros talones y que nosotros como hombres educados *en otro modo de ver* no alcanzamos a percibir y, sin embargo sus aguas fluyen y ofrecen su música encantadora, como la ofrecen los cuerpos que danzan alrededor de la hoguera sin que la sensibilidad se estremezca ni alcance a ver a la culebra que pasa entre nuestros pies…

El caso del pueblo haitiano me fascina como ninguno en América por su excepcional capacidad de creación permanente en todas las esferas y planos de la vida del espíritu y por ello es que he colocado en el título del presente artículo una interrogante que paso ahora a contestar: los cubanos sí hemos vivido y vivimos bajo el signo de la espiritualidad haitiana, entendida como solidaridad permanente y compromiso humanos con el prójimo. Entiendo que es obligado aproximarnos al tema de los espacios sagrados dentro del vodú existente en Cuba desde el punto de vista de la desmixtificación de algunos enfoques y conceptos erróneos hoy muy al uso en las ciencias sociales de América y, particularmente manejados por *scholar* o académicos estadounidenses.

Con demasiada sintomática frecuencia a las diversas y ricas manifestaciones del espíritu religioso de nuestros pueblos se les asocia con el sincretismo y con la magia, como si pudiese encontrarse en la historia de la humanidad algún sistema de pensamiento religioso, incluidos los pretendidamente universales, como el judaísmo, el cristianismo, el islamismo y el protestantismo, exento de sincretismo y de ideas, así como de creencias y procedimientos mágicos. Intencionalmente, con tales calificativos negativos, se les rebaja en su condición de visiones coherentes y consistentes del universo, del hombre y de sus valores trascendentales, como los del sentido de la vida y la muerte, para establecer una tajante y absolutista separación con las religiones aceptadas como instituidas y universales, las únicas válidas, en la perspectiva etnocéntrica de la ¨civilización¨ euro-occidental judeo-cristiano-protestante. El vodú goza de un rico "expediente negro", donde es fácil encontrar estos y otros no menos superficiales estereotipos culturales, incluso en la boca o en los escritos de altas luminarias intelectuales y científicas del Occidente cristiano, muy en especialmente.

En el caso del vodú los *mass media*, desde su arranque globalizante a principios del siglo XX y hasta el presente, han contribuido a mantener y reafirmar la antigua leyenda negra asociada a la revolución victoriosa de los antiguos africanos esclavizados de la colonia francesa de *Saint Domingue*, hecho histórico cuyo bicentenario estamos próximos a conmemorar. Si estos esclavos aportaron los valores esenciales de la libertad y la independencia mucho antes que los criollos de Hispanoamérica los esgrimieran y llevaran a la praxis social a partir de 1810, y si los levantaron al precio de sus vidas, en la configuración de estos valores e ideas estuvo presente la existencia de un pensamiento filosófico, político y social totalmente radical acerca del cual muy pocos intelectuales se han atrevido a hablar o a escribir porque, ¡horror!: ¿a qué ilustrado cerebro del Occidente cristiano se le ocurre concebir la existencia de pensamiento ni mucho menos de ideas filosóficas al referirse a aquellos estúpidos y salvajes esclavos traídos del África negra y reducidos a la condición de cosas, es decir, menos que a animales, en aquellas horrendas cárceles denominadas barracones, en las flamantes islas del Caribe y en áreas adyacentes de Tierra Firme...?

Mucha responsabilidad en la configuración de ese pensamiento original apuntado, el cual contribuyó en parte a que cristalizara aquella sociedad colonial y, sobre todo su cultura y una cosmovisión particular, tuvieron las culturas, y el pensamiento religioso diverso asociado a ellas, aportados por los innumerables grupos y representantes de comunidades étnicas africanos, acarreados por la violencia colonialista eurooccidental a este espacio luminoso que bañan las inquietas aguas de ese otro *Mare Nostrum* que se denomina Caribe, en remedo a los rebeldes indígenas que lo sobre montaron antes de la llegada de Colón. Y, especialmente, la rebeldía y las numerosas formas que asume la resistencia del hombre frente a la opresión, descansaron en una ancestral espiritualidad africana, aunque amalgamada, difusa y disímil, como el conglomerado de hombres, visiones y costumbres traídos de tan lejos que la portaban.

Aclaremos, de una vez, que esa espiritualidad se refiere no exclusivamente a las ideas, costumbres y cosmovisión trascendentes comúnmente incluidos en el concepto harto ambiguo de religión, sino también a un amplio espectro de cosas que abarcan, entre otros, los sistemas de valores éticos y estéticos; patrones y estereotipos de diversa índole; la emoción y la inteligencia intuitiva o emocional; cosmovisiones especificas; hábitos y costumbres y, asimismo, una peculiar manera de ser psicológico.

Hablando estrictamente desde el punto de vista del imperio de una religión, es hasta cierto punto cuestionable afirmar que Haití nació bajo el signo del vodú, porque hay ámbitos y esferas de la vida social—pongamos por caso, la reproducción de la vida material—que se sobreponen a cualquier tipo de manifestación del espíritu. Pero me atrevo a afirmar que, al menos, el ser o la identidad colectiva de ese pueblo, la *haitianidad*, cristalizó y se hizo realidad tangible a partir de un hecho que marcó la historia –la memoria colectiva, el concepto del tiempo y del espacio de ese pueblo hasta el presente y más allá de sus fronteras físicas—y ese hecho fue el inicio de la insurrección, ocurrida en agosto de 1791, llevada cabo por aquellos africanos esclavizados de la vecina Saint Domingue, mediante una ceremonia vuduista. No para la formación del basamento principal de la vida del pueblo haitiano, pero esta religión ha servido de expresión espiritual fundamental para la creación y continuidad de los valores y metas más altos impuestos en la vida de esta sociedad. Es por ello que ha estado en el centro de los grandes acontecimientos y de las decisiones más importantes en que ella se ha visto involucrada.

Coincido con la idea del escritor cubano Alejo Carpentier de que aquel "juramento de sangre" de Bois Caimán aporta el concepto de independencia a la cultura latinoamericana. Y acoto yo: no sólo aquella ceremonia, sino el fondo subyacente detrás de ella, y el vodú en particular, aportaron valores esenciales y trascendentes a la configuración y reafirmación de la espiritualidad propia del ser caribeño, que nos alcanza a los cubanos, para orgullo nuestro. Aquella ceremonia-pacto—más bien el rito histórico en tanto involucró un pueblo—fue el gesto concreto de un pueblo en proceso de cristalización y, por tanto, debe ser interpretados como un conjunto de símbolos que se inscriben en ámbitos más amplios de la vida humana y de la vida en general e, incluso, de la implacable contraposición de los opuestos excluyentes, como lo ha estudiado Hegel en su **Fenomenología del espíritu**—y no reducirse a meros contenidos y expresiones de un pensamiento y de una conducta inscriptos en el estrecho concepto del pensamiento religioso de un pueblo.

Aquel gesto puede ser, y de facto es, tan abarcador que incluye la marca definitiva, el signo distintivo y permanente del hombre, encarnado en el devenir de un grupo social o de una comunidad, mayor que aquella que encerramos en el término de pueblo. Lo es tanto, pues, que se inscribe en el movimiento del espíritu humano en su totalidad, no en su determinación geográfica y aun temporal, para tener un alcance universal, trascendente en este último sentido de lo universal. De ahí que el fondo espiritual, quiérase o no llamar vodú, y el sujeto colectivo que lo creó (el pueblo haitiano) —como el lenguaje articulado nuevo con que expresó sus ensalmos, conjuros e hechizos libertarios—tuvieron y tienen tanto alcance universal como el gesto del Cristo en el Gólgota tratando de redimir a la humanidad del escarnio del pecado original. Tan revolucionario y trascendente es *Mackandal* ardiendo en el fuego de la hoguera levantada por el amo blanco francés, o el iniciado jamaiquino *Boukman,* como cualquier mítico personaje elevado a la condición de ser sobrenatural en las "religiones universales" o Mahoma o Buda. Tan espacio sagrado es el Calvario en que el Hijo de Dios exhala su último aliento en la cruz, como el bosque erizado de relámpagos en el que la vieja *mambó* hunde el cuchillo en el animal sacrificial con cuya sangre se lavará/redimirá el horrendo "pecado" de la esclavitud de los africanos que se lanzaron, con el filo del machete resplandeciente, en el acto justiciero que se produjo después del "pacto", de cara a la conquista—a riesgo de vida-- de la libertad.

Quiero subrayar o clarificar mejor mi idea: en la dialéctica de los contrarios, y en particular en la del amo y del esclavo, siempre hubo conjuros, ceremonias, ritos mágicos y todo tipo de gestos individuales o colectivos para cambiar esa verdaderamente demoníaca relación de dependencia y avasallamiento, del poderoso sobre el más débil. Y siempre detrás de cada uno de estos actos, en la intimidad o en los espacios abiertos y/o públicos del conjuro, existió un proceso previo y un fondo que se hunde en la ancestralidad o en la oscuridad del inconsciente colectivo, para afirmar estos actos de conjuro y fortalecer el individuo o el colectivo en su empeño de trascender las determinaciones y limites impuestas por la violencia del otro. A ese background de esencias aun no reveladas por la Historiografía convencional es al que me refiero cuando reniego del vodú como simple sistema de pensamiento religioso, para develarlo como ámbito mayor de una espiritualidad en la que, literalmente, se sentó la cultura de un sujeto colectivo creador y valiente (el pueblo haitiano), quiero decir, encima del cual cristalizaron sus valores distintivos y los patrones y perfiles definitivos de su ser como nación y, con ésta, las bases de la construcción del ser caribeño. Ese es mismo "hombre del Caribe" del que nos hablaron, magistralmente, hace poco Jacques Roumain y Jacques Stephen Alexis, en sus poemas, el uno, y en sus novelas y relatos, el otro.

De otro modo sería imposible explicar el que aquellos complotados nativos haitianos de Bois Caimán no sólo reafirmaran su identidad en un acto de compromiso colectivo con las fuerzas trascendentes que habían sido capaces de crear a partir de los componentes de las culturas diversas traídas de África, sino que hubiesen alcanzado el concepto exacto de la intencionalidad que ese acto tenía: el que va más allá de la negación del dominio del amo para reafirmar el ser a través de la imposición libertaria de la voluntad colectiva y la exaltación—o puesta en escena histórica—de los valores esenciales que se expresan en la categoría cultura, incluidos lengua y pensamiento, no sólo religión.

Para los incrédulos—y, sobre todo, para quienes dudan de esta visión de la historia-- ahí están los documentos para demostrarlo. Antes del cuchillo de la *mambó* en el cuello del jabalí de *Buá Caimán* (Bois Caiman), está el sentido de la sangre del animal para lavar la mancha del yugo sostenido en la espalda del africano por largo tiempo; y antes de la cruz de sangre del animal en la frente de cada uno de los conjurados, está la conciencia concreada en el silencio que negó la opresión, incluso cuando el cuerpo se mantenía esclavizado y no era capaz de rebelarse. De ese fondo, no sabemos cuándo exactamente, surgieron los signos y las formas del vodú para respaldar el discurso de *Boukman*, por cierto un cimarrón jamaicano devenido en- alto sacerdote vuduista y ahora líder político de aquella insurrección antiesclavista a que hago alusión.

Boukman fue el líder que encabezó el segundo capítulo de aquella insurrección antiesclavista y, sobre todo, el símbolo en sí mismo de una espiritualidad emergente, como lo fue el cacique taino Hatuey en

Baracoa y en Yara frente al invasor español. Lo factual y consabido, es que se trata de un esclavo de una isla vecina convertido en cimarrón, que escapó de la plantación de Morne Rouge, una montaña desde donde se domina El Cabo y donde se preparaba un movimiento insurrecto; y quien, por lo demás, devino en sacerdote vuduista y que dirige a los esclavos hablándoles una nueva lengua: el creole haitiano. Sin la referencia a ese fondo mencionado más arriba, en el que circula una corriente espiritual milenaria proveniente del África subsahariana y, en particular, del Kongo, mantenida gracias al milagro de la oralidad y concreada ahora en el crisol del Caribe, no entenderíamos esta situación aparentemente absurda creada alrededor de un ex esclavo prófugo de una colonia vecina, con una cultura diferente, hablándoles a los siervos de otro país en su propio idioma y conjurándoles al calor de su "religión étnica" a punto de convertirse, en la hoguera imparable de una insurrección, en asunto nacional y regional-caribeño, a un tiempo.

Este aparente "milagro" nos revela cuán profundas fueron las relaciones interétnicas y los también no menos enriquecedoras niveles y planos del intercambio e interacción existentes entre las diversas culturas africanas puestas aquí en contacto entre sí y con las nativas que calificamos aquí de amerindias, así con otras de Europa, dando por resultado fenómenos que tienen mucho que ver con la emergencia no sólo de culturas de tan definido perfil nacional como la haitiana, sino de perfiles y rasgos de una cultura regional que ahora nosotros defendemos como propia del Caribe o sea caribeña y a cuyo estudio y difusión nos encomendamos desde hace más de dos décadas. En esta cultura regional se inscriben las fuerzas trascendentes—llámense loas, santos u orishas, ángeles, *misterios, npungus, espíritus, nfumbes, muertos* o demonios--, en protección de personas tangibles y concretas, así como de héroes míticos, históricos o reales, como los mencionados de Haití o Bolívar, el Negro Primero, de Venezuela, o la virgen de La Caridad de El Cobre, Antonio Maceo, José Martí y Camilo Cienfuegos de Cuba.

Cuando menciono este hecho no puedo evitar que revoleteen en mi mente los "altares" de los adeptos de eso que despreciativamente llaman en Venezuela *Culto a María Lionza*, en torno a esa figura mítica del pasado indígena de este país, de donde por cierto es seguro que partieron en canoas los nativos amerindios que se establecieron, poblaron y habitaron luego nuestras Antillas, incluida la Mayor de éstas, donde nací. Esa última religión tiene como escenario público principal, de génesis y de práctica masiva actual, las montañas de Sorte-Quibayo, en el Estado de Yaracuy, adonde acuden miles de peregrinos. Justamente ese escenario se considera, en Venezuela, el espacio sagrado por excelencia y de ahí que se haya convertido, no sin la oposición oficial de la oligarquía con sus élites ilustradas y de la Iglesia católica, en el punto de peregrinación religiosa más importante no sólo del país, sino de buena parte del Caribe insular y del continente.

En los *portales* , a manera de altares a Bois Caimán la intemperie, que arman los adeptos en esas montañas, tanto en las colinas como al pie de las cuevas, son colocadas las imágenes de los santos y espíritus más inimaginables, entre los que destacan los de los cubanos San Lázaro, Santa Bárbara, La Virgen de La Caridad de El Cobre, etc, pero en ellos y en el altar o casa de muchos miles de venezolanos casi nunca faltan los de la propia *Reina María Lionza*, los de la Corte Libertadora y los de las Tres Potencias: María Lionza, el Indio Guacaipuro y el Negro Felipe. Los de la Corte Libertadora están presididos por Simón Bolívar, objeto él mismo de culto no sólo dentro de esta religión, sino de la de la mayoría del pueblo que lo considera como una encarnación de una entidad sobrenatural o trascendente. Tendremos ocasión de conectar más adelante esta referencia histórica con lo que sucede en el interior del vodú, que abarca tanto a Haití, como a República Dominicana y Cuba, hasta haberse extendido más allá de sus centros generadores para instalarse en New Orleans, La Louisiana, Miami, New

York, Canadá, Venezuela y Suecia, por citar algunos ejemplos ilustrativos.

Mezcla de mito, leyenda y definitivamente de historia real y verdadera, la escena de Bois Caimán es la matriz de la confirmación de esta radical cultura nacional haitiana y de otra más abarcadora que nos concierne profundamente a todos quienes nacimos y nos hemos criado en la región caribeña. En el cacique haitiano Hatuey, en Mackandal y en Boukman, recibimos algunos de las rasgos definitivos del perfil del hombre caribeño; y, aun con mayor propiedad y firmeza, los podemos visualizar al referirnos a la *cultura vodú* como forma y comportamiento colectivo concretos—que se expresa en ideas, emociones, sentimientos, especial sensibilidad y en acciones también concretas-- de una estrategia de resistencia y de lucha característicos de nuestro ser caribeño, donde se expone muy abiertamente nuestra capacidad de conjurar el mal y de sobreponernos a él, así como de oponernos a la civilización, en la cual se gestó el mal --la negación, la opresión—y se inscribe y halla la justificación el opresor que, históricamente, nos ha humillado y despreciado. Son reveladoras las palabras de Boukman con las cuales, según el historiador Cyril J. James, luego de realizarse las encantaciones propias del vodú y de succionar la sangre de la fiera herida en su garganta, estimula a sus seguidores:

¨The god who created the sun which gives us light, who rouses the waves and rules the storm, though hidden in the clouds, he watches us. He sees all of the white man does. The god of the white man inspires him with crime, but our god call upon us to do good works. Our god who is good to us order us to revenge our wrongs. He will direct our arms and aid us. Throw away the symbol of the god of the whites who has so often caused us to weep, and listen to the voice of liberty, which speaks in the hearts of us all" (C.L.R. James: **The black Jacobins**. Veintage Books, New York, 1963, p. 87).

Difícilmente, puedan encontrarse juntas, en tan breve exposición, la cancelación de la voz del opresor en la conciencia del oprimido y el levantamiento de los valores de una cultura opuesta—en este caso, la caribeña-- que niega los valores de la cultura del amo. Ese símbolo del dios blanco que se solicita arrojar es la cruz que se cargaba, cual dogal, en el collar del católico y ese nuevo Dios que se proclama como soporte de la redención es el venido de África, que se hace concreción tangible e intangible en la Naturaleza, en el fondo de la tierra y en determinadas figuras trascendentales del cosmos: en la fuerza creadora que lo mueve todo, que lo ve todo y que nos ayuda a librarnos de la opresión. Es el Todo Superior que dirige nuestras acciones y esfuerzos para alcanzar con ellos la victoria. No es que el Dios opuesto al del blanco no sea, en sí y por sí mismo, fuerza trascendente; lo es, pero a la vez que fuente de una nueva ética sustentada en la bondad y en el compromiso de brindarle a cada criatura el apoyo solidario tan necesario, en el ámbito de la vida cotidiana y en el de la mayor trascendencia, cual es el caso de la obtención de la libertad al costo de lo más altamente preciado, que es la vida.

Aquí debe llamarnos la atención el núcleo de lo nuevo de la cultura voduista propuesta, en lo que respecta a su axiología: a la maldad del opresor, al daño de su actuar injusto, cabe oponer la violencia como medio y método válido para restablecer la igualdad entre los hombres. En otras palabras, al mal es válido oponer el mal, a la muerte también la muerte como recurso extremo. Estos dos extremos de lo trascendente y lo cotidiano aparecieron unidos desde aquel arranque histórico que estamos aludiendo y muy a menudo han constituido caras de una misma moneda. Pero si afirmamos con la socióloga haitiana Suzy Castor (1987: 88) que "el vodú es un importantísimo componente de la cultura nacional /haitiana/" y que constituye /según el suizo Alfred

Metraux/ ¨ la religión de la mayor parte del pueblo¨ es porque éste le pide ¨ lo que los hombres han esperado siempre de la religión: remedios a sus males, satisfacción para sus necesidades y esperanza para sobrevivir. ¨ Le han pedido otras cosas, como consuelo y conjuro ante el mal y la muerte, cuando ésta no ha sido asumida como algo inevitable o trágico.

Nos parece más acertada la visión del vodú del intelectual haitiano Anselme Remy como algo sólidamente vinculado a la vida y a las necesidades más perentorias de la comunidad en la cual emerge y halla su fuente de sustentación principal. De tal modo que supera el marco de mero sistema referencial inmediato, místico o de superestructura ideológica, para convertirse en modo de vida y, en consecuencia, como apunta el colega norteamericano Dathorne,

"acuden a él para consultarle las alternativas adecuadas que deben perseguir en vida relacionadas con el cultivo y la cosecha, el nacimiento, el matrimonio y la muerte y de todo aquello que concierne al esquema total de la existencia. El vodú es nación, música y muerte; conocimiento de los dioses, la clase correcta de sacrificio y la observación del curso correcto de la conducta. Es también un lazo instantáneo con Bon Dieu, pues este lazo ocurre durante la posesión, el venerador es capaz de recoger un conocimiento del sentido y significación de la vida en sí misma" (O. Dathorne, 1984:2-5).

Si regresamos al escenario de Bois Caimán, tan archiconocido ya por las repetidas descripciones, como la que tomamos de la célebre novela **El reino de este mundo,** del cubano Alejo Carpentier, recordaremos que, en aquella noche cerrada en que se reunieron los complotados, en aquel escenario agreste, caía una lluvia pertinaz que, a ratos, sacudía el viento; que en cierta ocasión en que hablaba el sacerdote-líder Boukman lo interrumpió un rayo que se abrió sobre el mar y que, luego que había pasado su estrépito, fue que el cimarrón jamaicano declaró sellado el Pacto entre los iniciados de acá y los grandes loas de África, para que la guerra se iniciara bajo signos propicios". Aquí es cuando pronuncia el sacerdote su invocación del Dios que daría al traste con las huestes enemigas, ayudando a los haitianos a romper el fatalismo de la oprobiosa esclavitud.

No puede ser mejor la ocasión para referir la comunión producida entre dioses –representados por las fuerzas de la Naturaleza--, seres humanos y las de los lazos que se establecen entre unos y otros con ese Todo

Trascendente que llaman *Bon Dieu* que, por cierto, en la versión carpenteriana parece omitirse para dar paso a la intervención de los dioses guerreros de la familia de los *Ogún*. A este cuadro, habría que añadirle solamente los nombres del esclavo Mackandal—quemado en la hoguera por los franceses en 1785 por haber predicado tempranamente la salida de estos colonialistas europeos de su país—o los de los héroes negros que predicaron la liberación total de la isla de Santo Domingo, como Toussaint Louverture o Dessalines, para completar el complejo universo de los loas, ángeles, santos o misterios que constituyen, para muchos autores, la sustancia misma del vodú haitiano. Ellos van, pues, de la encarnación, representación y ser de las fuerzas del cosmos y de la naturaleza—como las del océano, el relámpago, el viento, etc., que se presentan a escena--, del mundo orgánico y del inorgánico, pasando por la divinización momentánea del propio hombre en el acto de incorporación o posesión ritual, hasta la divinización definitiva de éste por otros motivos y procesos.

Sin temer a relativizarlo, el concepto de *espacio sagrado* en el vodú debe ser remitido al marco más amplio de las relaciones del hombre con el complejo universo y con las fuerzas trascendentes que rebasarían aquellas comúnmente denominadas sobrenaturales, hasta ir descendiendo e ir al encuentro con aquel otra porción, más visible y cercana, que lo une a la Naturaleza y al espacio mismo de la intimidad que se establece a partir del contacto entre los seres humanos. Debe ser así porque, como se desprende de las consideraciones que venimos bosquejando, *lo sagrado* aquí remite no excluyentemente a lo divino, sino también a lo humano y a lo natural en una perfecta solución de *continuum* que no viola las reglas, normas y principios en que cada una de estas entidades se definen y existen en correlación estrecha, aunque sin perder cualidades, características individuales o grupales, ni corporeidades propias. El único límite lo establece el concepto de Dios: sólo hay un Dios con poderes por encima de todo lo creado y, ni las fuerzas trascendentes ni las naturales, sobrenaturales o humanas juntas, pueden alcanzar su categoría.

De ahí que se entienda mejor, a partir de esta función de exclusividad, que no haya un culto a *Bon Dieu*, ni sacerdotes consagrados a él ni templos o "altares" ni templos donde se le representa y/o venera. En el caso de los loa, santos, ángeles o misterios, encontramos cultos específicos con oficiantes y lugares donde sí se realizan actos, como rituales o ceremonias o simplemente consultas que pueden girar o tener como centro cualquiera de ellos. Es más, es posible encontrar comunidades enteras devotas de un loa en particular, o regiones, o aun un país, donde prevalece uno o más de los integrantes de una familia de *loa*. En el caso de Cuba, nuestras investigaciones e campo en la vasta región oriental, desarrolladas por el Equipo de estudio que presido desde hace más de dos décadas, han arrojado la existencia de una corriente vuduista con un predominio del culto a los loa de la familia de los Ogún, en razón de lo cual la hemos denominado *Ogunismo*, asumiendo este concepto a partir del pensamiento del miembro de nuestro equipo Joel James. El ogunismo es una variante cubana del vodú, para cuya fundamentación hemos aportado importantes argumentos que pueden ser consultados en algunas de nuestras publicaciones y que fueron esbozados en el número 12, especial o monográfico, de nuestra revista **Del Caribe** en el año de 1988.

En los casos de los Gemelos o Mellizos y de los muertos, se trata de dos categorías distintas de entidades que requieren sendos tratamientos especializados, tanto en la ocasión en que se le rinda tributo público mediante los festivales voduistas o en que se le honre con determinadas ofrendas. Los primeros admiten construcción de espacios sagrados particulares, parecidos a los altares en su acepción más convencional africana y los segundos, en cambio, reciben todo tipo de ofrecimientos—sean materiales o espirituales--, al pie y a la entrada principal de la casa de vivienda del houngan o líder de la cofradía vuduista, en una mesa preparada para la ocasión o, en la mayoría de los ritos voduistas dedicados a los loa, en plena manigua. Como se puede apreciar, aquí estamos en presencia nuevamente del concepto de espacio sagrado en su acepción más amplia, pues no se trata obviamente del culto a entidades divinas propiamente dichas.

Hemos empleado el término divinización para referirnos a los complejos procesos con que una figura histórica, un sacerdote o una persona concreta son convertidos en loa. Sin embargo, estamos conscientes de que su uso puede encontrar oposición u objeción, con toda razón. Lo hemos empleado más bien para subrayar un matiz diferenciante en relación con el concepto de lo sagrado, que evidentemente es de un rango semántico más abarcador o de mayor amplitud. En propiedad, divino puede ser el espacio físico o no sobre el cual actúa una fuerza trascendente, de poder superior al de un santo, mientras que sagrado es todo el espacio, en su conjunto, donde actúan esta categoría de fuerzas trascendentes, los Gemelos y los muertos o, incluso, los seres humanos, con la intervención directa o intencional o no de Dios, al que denominan los haitianos *Bon Dieu*. Para referirnos a él, pues, debemos tomar muy en cuenta la interacción del tipo de estas entidades diferenciadas y la interpenetración de las diversas categorías de fuerzas trascendentes o los tipos de espacios físicos o "virtuales" que intervienen en un punto y en un momento dado.

En Cuba, según hemos expuesto en la Introducción al presente libro **Sacred Spaces and Religious Traditions in Oriente Cuba**, desde una temprana fecha como principios del siglo XIX, se reporta la ejecución de prácticas *voduistas* en la ciudad de Santiago de Cuba y la existencia de creencias y costumbres asociadas a la espiritualidad del pueblo haitiano. Poco, o casi nada, ha sido escrito en lo concerniente a estas prácticas en las áreas rurales donde se ubicaron fundamentalmente las dotaciones de esclavos domésticos traídos por los caficultores franceses, sus técnicos y administradores desde finales del siglo XVIII y principios del XIX. A pesar de los prejuicios y las persecuciones llevadas a cabo tanto por el gobierno español, como por la Iglesia católica y aun por la aristocracia criolla a lo largo de la Isla, una investigación rigurosa arrojaría importante data en lo referente a los contenidos y expresiones de vodú encubiertos en las extensas prácticas que acaecían en torno a las *comparsas tahonas* y, más especialmente, a las denominadas *Tumbas francesas*, instituciones de peculiar sello de la *criollidad* haitiana que florecieron en áreas montañosas de la región oriental y en algunas de sus ciudades importantes, como Santiago de Cuba y Guantánamo. El historiador Joel James ha mencionado que días antes del alzamiento del dueño del ingenio azucarero La Demajagua, sus siervos realizaron una fiesta de tumba francesa…como preludios épico-religioso del desencadenamiento—el 10 de octubre de 1868— de las guerras por nuestra independencia nacional del yugo opresor de España en la Isla. Pero, para que se tenga una idea de lo temprano de la aparición de estas manifestaciones culturales de raíz franco-haitiana y haitiana en la Isla, ya en las celebraciones culturales conocidas como *los mamarrachos* del año 1800 --como se les denominaba entonces a las fiestas del carnaval en Santiago de Cuba-- desfilaban los figurantes de las *tahonas* por las calles citadinas.

La tesis sustentada por Jean Price Mars en su libro pionero, publicado en 1928, A*sí hablo el tío* (1968:52) acerca de que el vodú era un producto traído de África y genuinamente africano, debe entenderse como una afirmación de la identidad haitiana, sustentada en el concepto de la *negritud*, como un medio de oponerse al invasor americano que intervino el país de 1914 a 1934. Sin desdorar la sustancia africana que corre por sus venas, prefiero verlo como una síntesis de las culturas que vinieron de África—con predominio de la Konga--, que se fundieron con la cultura aborigen e intercambiaron contenidos y formas con otras culturas eurooccidentales. Así lo ha visto el antropólogo Sidney Mintz cuando afirma que "la religión de Haití es a la vez dos religiones: catolicismo y vodú. Sin embargo, estos sistemas de creencias forman una misma ideología para la mayor parte de los haitianos, especialmente de las áreas rurales y entre la clase baja urbana. Así es el caso también para la República Dominicana" (**Apud** Davis, 1987:61). Creo hoy en día (abril , 2018) que tal temeraria afirmación del amigo Sidney Mintz es tan superficial como una hectárea de tierra: el catolicismo es solo la piel lingüística del criollo haitiana, donde la música, la creatividad sin límites y la poesía bastaría para afirmar que el vodú es mezcla pero no al punto de concederle a su opresor el privilegio de haber conservado su religión, en este caso la católica: el vodú haitiano originario nada tiene que ver con el Dios judeo-cristiano de sus amos que lo negó, persiguió a sangre y sin cuartel y trató de desaparecerlo del mapa.

El ambiente barroco y confuso; el eclecticismo reinante en el mundo espiritual del criollo, a pesar de los cánones que pretendía imponer por la fuerza de la represión la Iglesia, se sobreponían al gusto oficial generando un ambiente propicio para las heterodoxias en todos las esferas de la vida social. Eso lo percibe muy claramente Ti Noel, el personaje de la novela *El reino de este mundo*, de Carpentier. Este esclavo que viaja junto a su amo francés desde el convulsionado Saint Domingue a la ciudad de Santiago de Cuba, es sorprendido por el comportamiento licencioso de sus coterráneos en barrios totalmente galos, como El Tivolí y hallaba en las iglesias españolas un calor de vodú que nunca había hallado en los templos salsulpianos del Cabo... Nos comenta Carpentier en esta novela (**op. cit.**: 114/115) que

> "Los oros del barroco, las cabelleras humanas de los Cristos, el misterio de los confesionarios recargados de molduras, el can de los dominicos, los dragones aplastados por santos pies, el cerdo de San Antón, el color quebrado de San Benito, las Vírgenes negras, los San Jorge con coturnos y juboncillos de actores de tragedia francesa, los instrumentos pastoriles tañidos en noches de pascuas, tenían una fuerza envolvente, un poder de seducción, por presencias, símbolos, atributos y signos, parecidos al que se desprendía de los altares de los hounforts consagrados a *Dambalá* (Damballah*)*, el Dios Serpiente. Además, Santiago es Ogún Fai, el mariscal de las tormentas, a cuyo conjuro se habían alzado los hombres de Boukman. Por ello, Ti Noel, a modo de oración, le recitaba a menudo un viejo canto oído a Mackandal:

> Santiago, soy hijo de la guerra:
> Santiago, ¿no ves que soy hijo de la guerra?

Creo ver en esta mirada de Ti Noel la visión de paralelismo que domina la conciencia del pueblo en cuanto a las creencias y al particular modo de asumir sistemas de ideas en ocasiones en tensión, como los apuntados por el antropólogo Mintz. Se está en la pirámide del faraón, donde se pasea la vista y se establecen los paralelos, pero...lejos de ocurrir los famosos actos sincréticos se experimentan los símbolos y ritos separadamente, sin confusión de ningún tipo. Cualquier devoto simple, como el avezado Ti Noel, que mire las imágenes de bulto o que aspire la atmósfera que se respira en una catedral como la del Santiago de Cuba decimonónico, adonde acude junto con su amo, estará sometido a un posible flujo de conciencia, pero en él predominará, en ese instante preciso en que vive, la emoción que su fe predominante le dicte y no ambas emociones (la africana y la católica, digamos) a la vez. Este complejo fenómeno psicológico, percibido por el sabio cubano don Fernando Ortiz cuando dijo que el cubano es religioso o católico *pero a su manera* (es decir, combinando y aceptando símbolos, creencias y patrones, para otros creyentes excluyentes), se transparenta asimismo cuando nos enfrentamos al concepto de lo sagrado y del espacio sagrado que tienen nuestros creyentes más auténticos y sinceros de nuestro pueblo, entre los que cabe mencionar a los voduistas.

Como Ti Noel, somos hijos de la guerra: de la guerra de tensiones que desde la primera matriz, a la llegada del invasor europeo, nos tocó vivir en estas tierras de señorío y sumisión, en las que nació de su seno el aliento de liberación y rebeldía que simbolizan Hatuey y Guamá en el Oriente cubano; Mackandal y Boukman en Haití y tantos otros héroes míticos e históricos que son reverenciados en el mismo espacio donde se mueve y canta la serpiente; se le da de comer a la tierra madre o a los espíritus ancestrales que vinieron de África y que se anidan en las rocas, los árboles, ríos y océanos; o a las fuerzas "sobrehumanas" del fuego, del viento, del trueno y el relámpago que fortalecen el espíritu de lucha y levantan el ánimo de los humildes seres humanos, al conjuro de los tambores y de los cantos henchidos de energía, de agradecimiento o de bendición. A ese espacio humano, cargado de connotadas esencias espirituales, es al que nos referimos aquí cuando hablamos de los haitianos y sus descendientes cubano-haitianos que han habitado Cuba a lo largo de más de ocho décadas y que han fundido su espíritu al espíritu de esta Isla que los acogió como a sus propios hijos, venciendo discriminaciones y barreras, odios y prejuicios levantados por los opresores para poder dominarnos mejor a los oprimidos.

No por mera casualidad vino a establecerse en el sector de Barracones, al pie del barrio francés El Tivolí, un houngan de Las Tunas, ciudad bastante distante de Santiago de Cuba, pero en cuyo perímetro urbano existe una comunidad de haitianos y sus descendientes. Gabriel

Spray es su nombre; de andar y hablar pausado, con su imperturbable pipa –típica de sus paisanos—en la comisura de los labios. El mismo lugar que, en siglos pasados, fue refugio de los despavoridos colonos franceses y que se llenó de casas de citas, donde merodeaban las famosas negras y mulatas que tanto gustaban a aquellos refinados inmigrantes "franceses" y hasta donde llegaban las melodías y el bullicio del primer café-concert y el teatro que se instaló en lo que también se conoce como Loma Hueca. Igual que lo hicieron Monsieur Lenormand de Mezy y su siervo Ti Noel, Gabriel Spray plantó carpa en la ciudad santiaguera para enseñar el "folklore" de Haití, tocar la música del *vodú* y el *gagá* y dedicarse a construir los instrumentos típicos dahomeyanos de los cuales ellos, como nadie en el país, conocen sus secretos.

Aquí Gabriel hizo familia, con su compañera Silvia, quien comparte con él la emocionante experiencia de vivir entre dos culturas: la de sus antepasados haitianos y la de sus allegados cubanos. Como Gabriel, lo hicieron, calculamos, cerca de un millón de braceros quienes abandonaron su país natal para ir a trabajar en las áreas cañeras de las provincias de Oriente y Camagüey, donde las compañías norteamericanas llegaron a construir las mayores centrales de producción de azúcar de caña del mundo. Doscientos cincuenta mil haitianos se quedaron a vivir en Cuba, compartiendo con los cubanos las labores agrícolas vinculadas a la producción de azúcar y,-- eventualmente, describiendo un movimiento de golondrina interna--, las labores de la caficultura, estas últimas en los macizos montañosos, como el de la Sierra Maestra. La revolución de campesinos, obreros y clases medias que llevó al poder a un pueblo con vocación justiciera, desde su arranque mismo, contribuyó a su dignificación plena y definitiva, elevándolos a la misma condición social que al resto de sus paisanos de otras islas del Caribe y demás ciudadanos de la Isla de Cuba. Los haitianos, a partir de entonces, recuperaron la condición humana que habían perdido y se pudieron mover libremente por todo el territorio nacional, el punto en que se les encuentra en las grandes ciudades, incluida La Habana, donde es posible asistir a ceremonias de vodú llevadas allí por los haitianos de las comunidades de la Sierra Maestra objeto de nuestros estudios durante tanto tiempo y aplicados, incluso, al estudio y a la difusión del *creyol* haitiano, como es el caso singular de Hilario Batista.

En cuanto al orden lingüístico, no es exagerado decir que la segunda lengua que se habla en el país es el criollo haitiano y que la cultura haitiana es el último de los grandes batientes con que se refundó la cultura cubana, enriqueciéndola y dándole brillos que pudiesen dar envidia a otros pueblos. Es lo que hemos querido demostrar a lo largo de varios años de esfuerzos investigativos que han quedado plasmados en numerosas publicaciones, entre las que recomendamos nuestro libro **El vodú en Cuba**, donde exponemos concienzudamente los principales fundamentos de esta tesis. Esfuerzos que han alcanzado un genial colofón, en la esfera de la promoción de una cultura, en el Festival del Caribe donde, durante veintiún años consecutivos, han participado las agrupaciones más representativas de la cultura haitiana radicadas en la Isla de Cuba.

Al actuar frente al *hunfó* de sus casa de vivienda; ante el altar de consulta o *cai mysté*; en el patio de las casas adonde los invitan ; frente a los árboles sagrados que son también espacios sagrados en tanto ellos mismos son espíritus y, a la vez, habitación de los *loa*; en las montañas o a la orilla o en la profundidad del mar que circunda la ciudad; o en el espacio de las calles por donde transitan mientras tocan sus instrumentos musicales de fino sello dahomeyano en las celebraciones del *gagá*, durante la Semana Santa; en todas esas ocasiones solemnes en que honran a sus antepasados míticos y familiares, traídos de África y/o nacidos en el Caribe, ellos están siendo consecuentes con la cultura vodú que, para mí, define a la *haitianidad:* a la herencia del bravo cacique *Hatuey* y de su par *Guama*; de *Mackandal* y *Boukman*; de *Toussiant Louverture* y *Dessalines* y de todos aquellos hijos ilustres y sabios de su pueblo que se convirtieron en *loas*, como lo hemos reportado en los textos fruto de los estudios realizados por numerosos investigadores en escenarios de Haití, República Dominicana y de Cuba.

Ese es el espacio sagrado principal que subraya y ratifica en cada uno de sus ritos y ceremonias el *vodú*: el de la identidad del pueblo que se defiende del opresor con golpes de arte e inteligencia, al mismo tiempo que acertadas puntadas del machete de *Ogún* y del propio rayo enceguecedor de cualquier otra entidad cósmica. Por eso, haitianos y cubanos estamos y vivimos bajo el sol, cobijándonos en el mismo signo del vodú; por eso somos hijos de Santiago, de la guerra, de la rebeldía y de la resistencia a toda prueba, que pone por delante el escudo de la espiritualidad como suprema bandera.

Santiago de Cuba, 25 de julio/2001-Coro, septiembre 8,2008. Los Teques, Guaicaipuro, Venezuela, noviembre 18, 2016.

Capítulo III.-**Vodú, magia y brujería en Haití, Cuba y República Dominicana (1)**

Resulta necesario llamar la atención del cubano—tanto del que habita la Isla de Cuba como de aquellos paisanos que viven en otros continentes— sobre un dato curioso que la mayoría desconocemos: la segunda lengua que se habla en Cuba… es el *criollo haitiano*. A este hecho lingüístico hay que asociarlo con el impacto de la cultura y de la espiritualidad que nos vino de esa parte de la antigua colonia francesa caribeña Saint Domingue desde la época en que se produjo en ella la Revolución de los siervos africanos y que provocó un torbellino migratorio, que llegó, sobre todo, a la parte más oriental de nuestro país, principalmente a Guantánamo y a la ciudad de Santiago de Cuba. En otras publicaciones nuestras hemos aludido al impacto de la cultura franco-haitiana en el proceso de formación y cristalización de nuestra identidad como pueblo y también como nación, en el que debe inscribirse el presente texto enfocado a hacer una presentación de la espiritualidad de raíz haitiana que ha sobrevivido y coexiste en nuestra realidad nacional y que es preciso tomar en cuenta para alejarnos de la imagen parcial, maniquea e incompleta que tenemos de la sociedad cubana, impuesta desde el centro hegemónico metropolitano de la capital ; La Habana, desde donde es posible asociar a la isla con la mal denominada santería.

Los haitianos viven ya a lo largo y ancho del país; el vodú y el criollo haitiano están allí en toda la geografía nacional, incluida La Habana, pero la mayoría de los cubanos lo desconocen, a quienes los invito a mirar nuestro documental **Huellas**, del realizador Roberto Román, que produjimos en 1983 desde la Casa del Caribe, en el que mostramos y se halla la primera revelación audiovisual documentada de estos inmigrantes en sus nichos originales ubicados en el macizo montañoso de la Sierra Maestra, con las voces más representativas de sus costumbres, con el valor agregado explícito del sistema mágico-religioso conocido como *vodú,* descubierto por nuestro equipo de estudio que dirigí en la Casa del Caribe durante más de dos décadas. Nos hemos impuesto aquí el objetivo de vernos en comunión con la espiritualidad aportada por aquella inmigración franco-haitiana primigenia que arrancó a fines del siglo XVIII, se desarrolló a lo largo del siglo siguiente hasta conectarse con nuevo elementos aportados por la inmigración laboral producida en las primeras décadas del XX y nos esforzamos a su vez en verlo todo como parte del triángulo que comprenden tres pueblos y tres culturas nacionales que interactuaron desde el más remoto pasado: las de Haití, de República Dominicana y de Cuba… unidos por una historia común y por una espiritualidad que compartimos plenamente, como podrá apreciarse a continuación.

Es sorprendente que en esta era post-industrial, en la que impera el mundo unipolar que han querido imponer en el planeta los centros hegemónicos del Norte, al lado de los medios de comunicación de punta—del celular desde donde se tiene acceso a internet y se puede operar con las redes sociales—hayan sobrevivido las sociedades en las que los mecanismos de la magia y la mentalidad de muchos de los creyentes y practicantes religiosos se hayan sabido dotar de estrategias muy efectivas y eficaces para evitar que hayan muerto las ideas, saberes, comportamientos y visiones del mundo legados por nuestros ancestros amerindios, africanos y criollos. Conviven y convivirán junto con la llegada del hombre a la luna, la exploración de la Vía Láctea y la resonancia axial computarizada, los saberes de la medicina tradicional aportados por éstos…y no hay que temer a las contradicciones existentes en nuestras comunidades de base, porque en su seno y en la propia mentalidad de nuestros pueblos…se encuentra la solución a tales encrucijadas. Echemos una breve mirada a este mundo de magia y de religión en cuyo interior tales extremos conviven, a un tiempo sin excluirse, en tensión y en armonía.

La mayoría de los autores clásicos que han escrito sobre el vodú haitiano minimizan su componente mágico. Así Harold Courlander reconoce que la hechura de los *pouins, magie* y los *uangas*—que son la expresión de la magia agresiva dirigida contra individuos— está en el campo de la acción del sacerdote de este sistema mágico-religioso, pero que esas prácticas tienen un sentido subalterno y que "la magia acecha en la periferia del vodú. Tiene un pequeño lugar, o ninguno, en el apaciguamiento de las deidades o de los muertos [...]" (Courlander, 1985: 9) y más bien concierne a la relación entre los vivos y con los diversos tipos de seres clasificados como *demonios*, en particular. Si hemos de aceptar la noción de magia dada por Nicolás Abbagnano como "la ciencia que pretende dominar las fuerzas naturales con los mismos procedimientos con los cuales se someten los seres animados" (1966: 763), entonces ese factor animista no tendría valor significativo en el vodú. También para Métraux (1958: 136) la magia ocuparía "un lugar secundario y da lugar a prácticas rituales rudimentarias". Creemos que esta visión no toma en cuenta la naturaleza de los elementos fundamentales del vodú, la cual nos revela como ninguna otra cosa, cuán íntimamente correlacionada está la magia con la religión dentro del sistema *voduista*, cuya finalidad es lograr la invulnerabilidad del hombre mediante el dominio de esas fuerzas naturales, entre las que destaca el fuego.

Opino que hay que tomar en cuenta desde un punto de vista crítico o de cuestionamiento lo dicho por el propio Courlander cuando afirma que "[...] los haitianos no tienen un sólido cuadro esquematizado del mundo sobrenatural" (1985: 23), lo cual explica la dificultad señalada por Métraux para encontrar una teología vodú, dadas las "representaciones a un tiempo variadas, fragmentarias y contradictorias que los adeptos se hacen [...]" de ese mundo regido por la magia y por los procedimientos de lo que se denomina *hechicería*. No lo puede haber porque no podemos estudiar el vodú como una religión institucionalizada al estilo de cómo se estudia a los sistemas religiosos universales—como el hinduismo, el Islam o el cristianismo--, sino como una *religión popular*, regida por mecanismos, principios y leyes propios, diferentes a los que rigen las religiones universales.

En relación con este asunto y en abono de nuestro punto de vista, la investigadora norteamericana Martha Ellen Davis ha planteado que

[...] una secta o religión formalmente organizada como la católica es regida desde un lugar específico por una jerarquía que decide y disemina los dogmas, procedimientos rituales, liturgia y política en general. En contraste, una religión popular responde totalmente a las necesidad des de las personas de las comunidades donde ocurre y ellas son la única fuente de su sustento. Por lo tanto, la religión popular de cualquier país demuestra muchísima variedad.   (1987:   60)

El doctor Jean Price Mars, en su célebre y pionera obra *Así habió el tío,* había señalado la funcionalidad del vodú al referirse a "la gran parte de magia" que hay en él y al papel desempeñado por el *hungán* al prodigar suerte y buena fortuna entre los miembros de "una sociedad donde el elemento místico tiene el papel predominante de dinámica social". (1967: 198/198) Ha sido este intelectual haitiano quien ha tratado de aprehender con mayor lucidez el entretejido del vodú con respecto a la religión oficial y al componente animista tan frecuentemente despreciado al estudiarla:

Pero sin que hubiese necesidad de edificar ninguna dogmática [ha escrito], por simple fenómeno de endósmosis y por el pragmatismo de la acción social, las creencias lentamente evolucionaron unas sobre las otras, se amalgamaron en inextricables madejas y erigieron en máxima la conducta de los

hombres, de tal modo que su catolicismo no fue más la doctrina de la Iglesia y ni su vaudou el simple animismo primitivo. Fue yes todavía en el presente algo nuevo, asaz, insólito, en extremo embarazoso, sumamente incoherente como para no experimentar perplejidad a! expresarlo en una fórmula de aristas vivas
—puesto que el fenómeno no ha cristalizado y a veces se manifiesta por un individualismo anárquico. **(Ibid.**: 206)

Es el factor individualista el que ha hecho apuntar a Courlander (1985: *passim)* que puede observarse fácilmente que no hay dos *hunfó* que sean exactamente iguales, ya que 'cada sacerdote de culto diseña su *hunfó* a su propia forma" y que, además, 'es posible ver cientos de ceremonias sin ver nunca la misma dos veces". De ahí también, que en el uso rutinario, el haitiano se refiera a los varios cultos o "naciones" como si estuvieran completamente separados". Habla del *service -petro, o* del rito *nagó* o de la *nanchón ibó,* en un juego de cristales de un calidoscopio espiritual, diverso en formas y tan rico en contenidos como el propio imaginario colectivo que lo creó. Sin embargo, como lo hemos podido observar a lo largo de muchos años de estudios y de investigaciones de campo en Cuba, República Dominicana y en Haití, así como lo documentan eminentes estudiosos, en la práctica los cultos están, usualmente, unidos en dos o tres grupos mayores. (Courlander, 1985: 18)

En el grupo vodú que se asocia al Dahomey están presentes la nación *aradá* o *dahomé,* la *anagó,* la *mahí,* la *amina* y la *ibó,* componentes que originalmente actuaban con independencia y aparte unos de otros. Aún hoy hay regiones aisladas de Haití con "centros de cultos dedicados exclusivamente a las divinidades nagó". La *ibó* se asocia comúnmente al grupo *petró* en el que se han integrado y que desde mi punto de vista tiene un origen nativo y un fuerte componente bantú. Algunas "naciones" han sido completamente absorbidas, como la *bumbá, mondongue, bam bara congo-lomangue (loango)* y otras más están en vía de ser absorbidas:

> En lugares como Port-au-Prince donde los cultos se han infiltrado unos a otros profundamente, las mayores diferencias entre los ritos vodú y congo-guinea [petró] han desaparecido y se pueden hallar altares tanto a las deidades petró como a las dahomé en el mismo *hunfort.* (**Ibid**.)

A esto hay que sumar las marcas distintivas dc un mismo culto dado por razones histórico-sociales de diferentes regiones de Haití. El ejemplo típico está referido a las modalidades distintivas del vodú practicado en el Norte y en el Sur de Haití, para citar, solo un ejemplo. Esto ha conducido a algunos estudiosos a afirmar que no hay un solo vodú, sino varios.

Retomando el tema de la interacción de tan disimiles componentes que dieron origen a tan significativa religión caribeña, nos parece importante traer a colación la afirmación de Price Mars en cuanto a la asociación hecha por las grandes masas haitianas entre el vodú y el catolicismo, aunque se hayan apreciado diferencias entre uno y otro "sobre todo por el modo de expresión del culto del vodú". En mucho ha influido el contenido mágico aportado por los esclavos africanos en la manera particular de expresarse esta religiosidad popular. Veamos con qué medios y formas habitualmente ese componente mágico se manifiesta:

> Instrumentos de esta estrategia [mágica] son los encantamientos, los exorcismos, los filtros, los talismanes, mediante los cuales el mago se comunica con las fuerzas naturales, celestiales o infernales y las hace obedecerle. El carácter violento o subrepticio de las operaciones mediante las cuales se lleva a las fuerzas naturales a la obediencia, es otra característica de la magia, que es una estrategia de asalto, que quiere conquistar de un solo golpe. (Abbagnano, 1966: 763)

Cuando leía estas últimas líneas, tuve que sonreír al haber constatado en disimiles ocasiones que esta es la mentalidad que en lo común preside el comportamiento de los creyentes voduistas

> el golpe de efecto inesperado y decisivo que de súbito cambia la correlación de fuerzas a favor de quien lo proporciona oportunamente. Es lo que

opera también, que sepamos, en la santería y en mayor medida en los cultos de origen bantú en Cuba conocidos como regla de palo. A propósito, James Frazer ha afirmado que lo distintivo entre la religión y la magia no es ni la bondad de la una ni la maldad de la otra, sino el estado mental dcl creyente y sus consiguientes modos de comportamiento (1961: 77, *passim*).

Hoebel es más categórico cuando establece la diferenciación entre uno y otro cuando señala lo siguiente:

> En la actitud religiosa el hombre reconoce la superioridad de los poderes sobrenaturales de cuya intervención depende su bienestar. Sus actividades son principalmente de sumisión y reverencia. La actitud y la conducta religiosa son devotas; el mago actúa, en cambio, con una especie de arrogancia, o, por lo menos, de autosuficiencia. La hechicería es la magia realizada con fines antisociales. La magia es en sí amoral, ni buena ni mala. Es el empleo que de la misma se hace lo que determina sus cualidades *morales.(Apud* Coachy, 1982: 97).

Podría agregarse la función atribuida a la magia por Malinowski, para quien ésta suministra al hombre primitivo un número de actos y de creencias rituales ya hechas, una técnica mental y práctica definida, la cual sirve para dominar las fuerzas de la Naturaleza y superar los obstáculos peligrosos en toda empresa importante y en toda situación crítica. Su función es la de ritualizar el optimismo del hombre, la de reforzar su fe en la victoria de la esperanza sobre el miedo *(Apud* Abbagnano, 1966: 764.)

Invitamos ahora a buscar algunos de los ejemplos proporcionados en nuestro libro **El vodú en Cuba**, en los cuales se pone de manifiesto esta "fe de la victoria de la esperanza sobre el miedo"; por excelencia, remitimos al rito del levantamiento de palo mayor o *buá-la-fami,* descrito con lujo de detalles en aquel último libro nuestro antes mencionado, aunque lo más importante es que esta convicción está presente en la vida cotidiana de los practicantes voduistas, no solo en su vida religiosa, que llena una parte importantísima de su vida en general. Y lo está, de modo especial, en su comportamiento ante la muerte y en el de muchos *luases,* a veces calificados de "duros" o malévolos, a los cuales les dedicaremos un capítulo de la presente obrita.

Retomemos la interrelación de los lados del triángulo configurado por los siguientes elementos:
1) componentes religiosos de orden africano,
2) magia, y
3) catolicismo europeo formal.

Y tendremos que, según el prestigioso estudioso Sidney Mintz, la religión de Haití es a la vez dos religiones: catolicismo y vodú. Sin embargo, estos dos sistemas de creencias forman una misma "ideología" o visión del mundo para la mayor parte de los haitianos, especialmente de las áreas rurales y entre la clase baja urbana. Así este es el mismo caso también para la República Dominicana, según documentan otros investigadores y autores. (*Apud* Davis, 1987: 61.)

Mas, los elementos de cada uno de estos tres factores mencionados, se fueron amalgamando y fusionándose hasta dar origen al actual sistema de creencias voduistas. El proceso ha sido sintetizado del modo siguiente—idea que, en cierto modo compartí—por Jean Price Mars:

> En cuanto a las devociones menudas tales como llevar escapularios, votos, novenas, uso do velas, misas de difuntos, etc., tuvieron el más fecundo empleo en las disposiciones rituales del houngán prescritas a sus fieles porque las mismas so armonizaron prontamente con las más Íntimas tendencias del vodú. Y una transformación insidiosa, lenta, corroyó los fundamentos mismos de la antigua creencia. Y ahora, ella ya no descansa más en el poder espiritual, latente o formal que contiene todo ser y todo fenómeno do nuestro universo, ya no implora más las fuerzas naturales dotadas de conciencia y voluntad, ella enseña que el mundo .es regido por un ser supremo que delega su poder en espíritus intermedios a los cuales se les debe pagar homenaje y reverencia. Ella dice que los hombres no están solamente hechos de carne y hueso, también

están compuestos de una parte inmaterial, do un alma, que, más allá de la muerte y a pesar de su imponderabilidad, necesita de !a asistencia de los vivos para llenar la otra condición desconocida, insospechada de su existencia supra-terrestre. Que si los vivos falláramos a esta tarea, no solo las almas serían atormentadas allá arriba, sino que bajarían a la tierra a atormentar a los vivos. (1968: 209)

Parecida estructura compuesta del Ser Supremo y sus intermediarios, que son los que realmente intervienen en la vida de los hombres, integra la mundialmente conocida santería cubana. Aunque se hayan metamorfoseado, los componentes animistas y mágicos están presentes en ambos sistemas de creencias religiosas; ellos favorecen la existencia de la hechicería y, por ende, fortalecen el papel de los *brujos*. Veamos, a propósito, cómo enfoca el problema George Coachy:

EL vodú es temible sobre todo por los elementos de brujería que arrastra en su trasfondo. Si bien el vodú no es brujería, su esencia favorece la presencia de la misma pero no en su proliferación. Aquí más bien conviene pensar en el estado de pobreza que reina en el medio rural haitiano.

Esta situación favorece al *boccor* haciendo de él una figura de primera línea. Sus relaciones con las fuerzas sobrenaturales y el dominio que ejerce sobre ellas, lo erigen en un individuo poderoso y temible.

Su papel primordial es reparar los grandes daños, vengar las grandes ofensas sembrando la muerte como resultado de su intervención justiciera. Interviene siempre a petición de alguien y no siempre se detiene en buscar dónde estará la razón. (Coachi, 1982: 106.)

Al concepto de magia natural que venimos empleando más arriba, hay que añadir el de la magia *diabólica* distinguiéndolo claramente del primero en cuanto a que ésta se vale de la acción de los que Delle Porta califica de "espíritus inmundos". **(Apud** Abbagnano, 1966: 763) Como acertadamente ha señalado el investigador Carlos Esteban Deive, "estructural e ideológicamente considerado, el vodú dominicano pertenece [...] al dominio de la magia. Ella se halla presente de manera omnímoda en cada uno de los actos del *curioso*. La vocación del brujo dominicano, su iniciación, su condición de 'caballo', todo esto, persigue un solo objetivo: someter a los luases para ejercer con ellos las artes mágicas" (1975: [245]).

Como al negro-africano esclavo se le acusaba constantemente de tratos con el *diablo*, sus creencias y prácticas religiosas, así como las de sus descendientes afro-caribeños, fueron siempre calificadas de demoníacas (2). No obstante, el estudio de la investigadora norteamericana Martha Ellen Davis titulado *La otra ciencia* (1987), trata de demostrar que el vodú dominicano en comparación con el existente en Haití y con religiones populares de otros países que ella denomina como afroamericanos, es más "simplificado y ecléctico"; está más dedicado a las buenas obras de curación y asesoramiento, con menos disposición a "trabajar con las dos manos; está articulado con una religiosidad popular afro-hispana, con influencias españolas en vez de francesas; tiene menos inferencias africanas y ha perdido casi por completo la mitología africana". (**Ibid**.: 66.) Certero juicio, pero que deja por fuera elementos de fondo africano que , si bien no tienen que ver con la cosmogonía mitológica africana en evidente rechazo del dominicano a su identificación con *lo haitiano*, como los de la música y, especialmente, el tratamiento de la mujer como figura mítica, a la que hay que despojar del ropaje de reina del amor y de la sensualidad para verla en su tratamiento real fáctico, en su dimensión hermafrodita, sin distinción de género al momento de su puesta en escena en los ritos y ceremonias del *luasismo* y bastaría para imaginarnos a Anaisa en escena ritual para demostrar lo que estamos queriendo connotar.

Por tratarse de una visión muy actualizada de este culto voduista denominado *luasismo* en Quisqueya, permítasenos una cita de esta misma investigadora norteamericana que lo sintetiza:

En el sentido global, el vodú dominicano es, por una parte, una devoción a los santos y los muertos, y por otra, un culto de curación y asesoramiento de los vivos. El énfasis en los santos y los muertos representa la herencia de la cosmología pan-africana en el sentido más general. La devoción a los santos y seres se basa en interés propio, y favores que son "pagados" de diferentes maneras como cualquier "promesa". La atención a los muertos refleja el concepto africano de los antepasados como ancianos. (**Ibid.**: 59)

Esta profesora estadounidense concluye que lo esencial de este culto lo constituye la posesión espiritual y que "la consulta con sus trabajos constituye la actividad primordial del llamado 'culto voduista' dominicano" (**Ibid.**: 234). Lo primero se refiere a la incorporación por el médium de un *misterio* y lo segundo a las prácticas de la medicina popular, esto es, como culto médico practicado a nivel familiar y de vecindario. Aun cuando esta última determinante sea el resultado de la fusión de la medicina con la religión, en ello no dejan de actuar los componentes mágicos.

Como actualmente sucede en Cuba, en República Dominicana se cree que los haitianos son especialistas en casos de brujería [...J y es muy común que se busque a un haitiano de cerca o de lejos si otro curandero no haya tenido éxito en diagnosticar el quebranto como producto de la brujería. Algunos haitianos se aprovechan del concepto dominicano, acerca de sus poderes espirituales innatos. (**Ibid.**: 236.)

Como tendremos ocasión do demostrar, en Cuba existen los elementos antes mencionados en el interior de la práctica voduista y, aunque ésta no posee el arraigo ni la extensión de otros cultos como la santería o el espiritismo, no se reduce a mero culto médico ni a la posesión espiritual. En este sentido, desde nuestro punto de vista, el vodú en su variante cubana ha logrado alcanzar un nivel de organicidad y consistencia que ha evitado su disolución en el contexto integrado por otros sistemas mágico-religiosos, de mayor antigüedad y ubicación en la historia y la mentalidad del cubano, como las variantes cubanos del Espiritismo.

En efecto, el vodú en su expresión cubana conserva los componentes fundamentales, a los que ya antes hicimos alusión, y que lo definen como religión nacional de Haití. La expresión cubana está más próxima, en consecuencia, de éste vodú de cepa haitiana, que la "variante existente en República Dominicana. Me atrevo a certificar que la variante cubana constituye un sistema de fuerzas centrifugas que ha sabido preservar, en sus rasgos esenciales, las creencias, formas y prácticas traídas al Oriente de Cuba por los inmigrantes haitianos en la última década del Siglo XVIII y, especialmente, a partir de esa fecha y a lo largo del tiempo hasta encontrarnos con la masa migratoria procedente de Haití que tuvo lugar en las primeras décadas del siglo XX, respondiendo a imperativos coyunturales estrictamente económicos. Asimismo, posee un poder integrador tal, que ha permitido que los elementos análogos de los sistemas mágico-religiosos cubanos con los cuales ha convivido durante ese tanto tiempo, lo hayan incorporado a ella, evitando con esto el lógico proceso de asimilación.

El vodú en su variante cubana es inseparable del componente mágico y de la hechicería con raigambre conga, con los que generalmente los teólogos no asocian a este sistema religioso. No es concebible el vodú, sin embargo, sin los componentes antes aludidos, que en gran medida han contribuido a darle su forma original —a veces, desde el punto de vista social prejuiciado negativamente, mediante estereotipos racistas—a este sistema de creencias. Vodú y poder, a los ojos do los creyentes y aun ante los de quienes acuden a un sacerdote voduista para resolver un problema común, están indisolublemente unidos. La creencia en la capacidad resolutiva de esta religión original se fundamenta, en gran medida, en su eficacia y extrema rapidez en dar pruebas o resultados concretos frente a los problemas que se le plantean. Estas dos últimas características—comunes a otros sistemas de pensamientos sincréticos caribeños—, se relacionan íntimamente con el fuerte componente mágico subyacente en el vodú.

Desde el punto de vista no sólo de las cofradías *voduistas*, sino de las comunidades en que ellas se sustentan, esto es lo que le proporciona al vodú mayor credibilidad y consistencia, En el pasado prerrevolucionario y aun hoy, el haitiano vinculado a las prácticas mágico-religiosas inspiraba una mezcla de respeto y temor a un mismo tiempo. El caso que presentaremos a continuación ilustra el influjo del vodú en la dirección apuntada de su impacto en la cultura y la mentalidad del cubano. Este caso, asimismo, nos sirve para apreciar hasta qué punto las cofradías voduistas, sobre todo en las zonas montañosas de difícil acceso y donde la cultura cubana con toda evidencia ha estado en desventaja con respecto a la religión de estos inmigrantes, se convierten en centros mágico-religiosos de una tremenda fuerza desde el punto de vista social y en centros dominantes desde el punto de vista religioso. Tratándose de zonas rurales donde la santería, la regla de palo o aun el espiritismo no tienen la fuerza suficiente, individualmente o en conjunto, para constituirse en opción equivalente, es comprensible que así haya sucedido y suceda hasta hoy.

En efecto, en la comunidad haitiano-cubana ubicada en el barrio de La Caridad, el del *hungan* Nicolás constituyó el centro de la cofradía voduista y el foco de irradiación cultural más importante de la zona. El Éxito del sacerdote desde el punto de vista terapéutico y la atracción que despierta el grupo de danza folklórica que se creó a partir de él y de la tradición cultural de que era portador, conforman otros factores do prestigio que resaltan al fin más su posición desde el punto de vista social y cultural. Más cuando, a la debilidad de otras opciones religiosas, hay que añadirle la de infraestructuras recreativas que tienden a propiciar este desbalance entre la cultura cubana y la de los inmigrantes caribeños.

Todo lo expuesto anteriormente pudiese ser considerado como el marco subjetivo en que se explica mejor el caso quo vamos a presentar a continuación. A unos cincuenta metros do la casa del *hungan* se encuentra la de un campesino do tez blanca, padre do siete hijos, cuatro de ellos hombres. Se trata de una familia de escasos ingresos económicos y de bajo nivel en lo que a educación formal u oficial so refiere, elemento este último, entro otras causas, que favoreció la permeabilidad religiosa en el interior del núcleo de su familia.

En sentido positivo, podemos afirmar que esta familia, como la mayoría de las formadas por obreros agrícolas y pequeños propietarios cubanos que colindan con el centro de culto voduista, está bajo la esfera de influencia de las creencias y las prácticas religiosas que se desprenden do éste. MI, es común que los integrantes do algunas familias participen de ciertas creencias y pensamiento mágico propios do los haitianos y de sus descendientes. Y esto para no referirnos al hecho, mucho más generalizado entre ellas, de su participación, bien aunque sea como meros espectadores, en los festivales anuales celebrados en honor de los *luases*.

No es difícil entonces entender que una de las hijas del campesino en cuestión fuese blanco de los requerimientos amorosos del hijo más pequeño del *hungán*. La joven tenía catorce años de edad y era estudiante. Rechazó de plano los requiebros del *pichón* de haitiano, considerándolos absurdos y desprovistos de realidad, tal vez porque, según ella, jamás se hubiese fijado en nadie do esa familia. Pero, a partir de ese momento comenzaron a ponerse en juego una serie de resortes que provocarían resultados inesperados.

Lo primero quo se puso de manifiesto fue la sugestión. "Pase lo que pase, tú tienes que ser mi mujer", le dijo con acento categórico el pretendiente. Ella le replicó que debía ante todo concluir sus estudios. El enamorado argumentó que tenía poderes suficientes para posibilitar que ella no se frustrase en esa aspiración. Acto seguido, para demostrárselo, extrajo un frasco de perfume, pero que contenía semillas do ajonjolí, pimienta bomba y otros ingredientes, y derramó parte de su contenido en el cuerpo de la joven. Le dijo que el frasco no se lo podía dejar, y además, le colocó una cadena do oro en el cuello. Este objeto, ante los ojos do ella, funcionaba como un sortilegio: "la ponía mal"; parece que influía psíquicamente en ella venciendo sus resistencias ante la proposición de fuerza de él que ella rechazaba. Fue así como, al día siguiente del referido "trabajo", ella intentó envenenarse. Según me refirió ella misma, "no daba cuenta de sí, es decir, había perdido el juicio. Su madre tomó conciencia de que su hija era objeto do un acto do hechicería y de inmediato la llevó a tratarse con una santera, a fin de contrarrestar los efectos del encantamiento. Se notaba que la joven experimentaba cierta mejoría; poro ésta no era más que aparente.

En efecto, cuando a los pocos días se produjo el regreso de las dos mujeres a la casa, comenzaron a volver a actuar circunstancias extrañas. Aprovechando un descuido de la madre, el pretendiente vio nuevamente a la joven, a quien le ratificó el hecho incontrovertible de que la haría su esposa. La muchacha volvió a rechazarlo, ante lo cual él le puso un pañuelo rojo en la cabeza y una sortija de compromiso en el dedo. Este último objeto, igual que la cadena, ejercía determinado poder sobre ella.

Pasados ya varios años, recuerda que para aquella fecha estaba próxima a cumplir quince años y, para la fiesta de cumpleaños, un hermano suyo que estaba en Alemania le había enviado un precioso ajuar, que incluía telas y varias cosas más. Pero todo aquello le resultaba indiferente. Incluso, la actitud intransigente de su madre ante la disyuntiva en que se encontraba, provocó un odio feroz en su interior. "Su voz [es decir, la de pretendiente, confiesa hoy] era la única voz que oía". Fue así como, reiterándole a él que no quería ser su esposa, poco después escapó de su casa para unírsele definitivamente. La joven, aunque blanca, fue iniciada en el vodú. Siendo ya "hija de altar" se integró a la cofradía voduista orgánicamente: cantaba en el coro de las iniciadas durante las ceremonias; batía las banderas cuando era preciso, etc.

De la unión matrimonial do ambos jóvenes, nacieron dos niñas, pero con el transcurso del tiempo aparecieron los nubarrones que darían al traste con el matrimonio: para ella era inconcebible que los padres de él permitiesen que fueran a su casa novias de su esposo. Pero al final frente a hechos patentes de esa gravedad, ella no conseguía romper con él. A la presión de su familia, se unieron los comentarios de gentes del barrio que la apreciaban. Todos coincidían en una cosa: "Debía terminar con él". "Pero cómo?", se preguntaba ella, que luego explicaría lo sucedido como si todo hubiese sido un sueño. Tanto le parece así, que había olvidado la primera vez quo él trató de poseerla: fue una noche cuando regresaban de una fiesta y venían caminando juntos, sin que existiese entre ellos una relación amorosa. De pronto, él la tomó de la mano, la hizo volverse y la besó, todo esto, hecho inesperadamente. Fue entonces que ella perdió el conocimiento y su tía, que venía acompañándola pero que no so habla percatado do lo sucedido, la llevó para la casa en la creencia de que era presa do alguna enfermedad repentina. A partir de entonces le pareció haber caído en un letargo, como si todo lo que hiciese lo estuviese haciendo dormida.

El momento preciso en que decidió romper con el matrimonio, aún hoy ella no lo ha podido determinar. No sabe cómo decidió volver con sus dos hijas a la casa de su madre y establecerse en ella nuevamente. El maleficio no había cesado, así lo hizo saber el haitiano que había asistido a un *bembé* en casa de su antiguo suegro. Y ella decidió recurrir a una *mamó* que le recomendaron a fin de terminar de liberarse. Le habían dicho que el poder de ésta superaba el de sus antagonistas.

Con una expresión de admiración en el rostro, la joven rememora cómo comenzó el "trabajo". La sacerdotisa le hizo llevar $ 22.75 a la consulta, los nombres de todos los integrantes de la familia de su ex-esposo, velas, perfume, tabacos, alcohol "de tienda", un coco y un pollo de color negro. A estos ingredientes hay que añadir las hierbas o arbustos diversos con que debían mezclarse: gajos de vencedor, rompezaragüelles, altamisa, abre caminos, albahaca, etc. Con una extrema violencia, la *mambó* procedió a romper todo aquello, que ella le había llevado, incluido el coco, y entonces se dispuso a ejecutar la parte más fuerte del rito.

La exorcista cavó un hueco en una esquina del altar y en el fondo del mismo colocó el nombre de la joven y el de su ex-esposo también; encima arrojó todas las hojas antes mencionadas y de inmediato les prendió fuego. Hizo que la joven diese varias vueltas alrededor de la improvisada hoguera y, luego, la detuvo, para pasarle el pollo vivo por todo el cuerpo. Acto seguido, mientras decía algunas oraciones, dio muerte al ave y derramó su sangre en el hueco. "En ese preciso instante [recuerda la atribulada muchacha] sentí un escalofrío recorrerme en todo at cuerpo". Finalmente, la *mambo* le dio a beber un té y entonces ella experimentó como si de pronto ya no tuviese   malestar.
Aunque el tratamiento en lo esencial había logrado su objetivo, requería de otros elementos con la "paciente". Pero más bien se trataba de contactos rutinarios, para constatar si todo iba bien. Y, en efecto, la joven sintió quo

había recobrado nuevamente su voluntad; llegó incluso a tomar conciencia de que había sido víctima de un maleficio. Se sentía engañada y ultrajada y, sobreponiéndose a cualquier mal sentimiento, se propuso abrirse paso: volver a estudiar, vincularse laboralmente Aquel estado de ánimo la llevó a proponerse ir a trabajar a la ciudad de Palma Soriano o a Santiago de Cuba, si donde vivía, no encontraba cómo satisfacer sus aspiraciones.

Como colofón feliz a esta historia, debemos referir que la muchacha ha vuelto a enamorarse, ahora de un joven obrero agrícola de El Jagüey, un lugar próximo al cuartón donde está enclavada la vivienda de sus padres donde ella vive. Se quieren, so comprenden y han decidido unirse conyugalmente: Pero alrededor del nuevo amante ella tome quo so cierna algún maleficio y, para evitarlo, lo ha Llevado adonde la *mambo* para que los proteja contra el mal. La sacerdotisa les ha preparado un perfume cuyas propiedades los ayudarán a evitar ser víctimas de nuevos lances. Pero, sobre todo, los ha advertido que bajo ninguna circunstancia "beban o coman nada por ahí", con lo cual apunta que una de las formas más eficaces de causar un mal a alguien es valiéndose de un medio material.

De ningún modo con ello los induce a descuidar otras vías de entrada del maleficio. "No aceptar compromisos con la obra, para el quo desconoce sus secretos, es una manera do no exponerse a muchos peligros", comenta la *mambó*. Mirando fijamente a la joven le dice sonriendo: "Recuerdas cuando al inicio do una ceremonia te ponían de primera a sostener un pollo destinado al sacrificio? Con esto contraías un compromiso o, cuando no, lo reafirmabas". Con las cosas que ella los prepara o los aconseja, la pareja so siente más segura, aunque el recurrir a un oficiante del vodú no excluyo que puedan ir a consultar a algún espiritista o santero en otro lugar con el mismo objetivo de alejar un mal u obtener una protección contra algún peligro o agresión.

Como se ha podido apreciar, la toma de conciencia de la joven en cuanto a que fue víctima do un acto de hechicería, no implica la erradicación automática en ella de sus creencias en la existencia y poder do fuerzas sobrenaturales capaces de provocar los efectos más inimaginables en el ser humano. Por el contrario, refuerza sus mecanismos de defensa y la pone en guardia permanente ante posibles nuevos ataques, El elemento positivo que incorporamos a la experiencia del caso presentado es que la joven intuye que sólo mediante su reincorporación plena a la vida social —al estudio o al trabajo—logrará escapar a las redes mágico-religiosas que aún la rodean y la amenazan a ella, a su familia y otros seres queridos cercanos.

Capítulo IV.- **Diablos de las montañas cubanas**

Mis actuales lecturas de la obra del sabio rumano Mircea Eliade, quien es para mí el más grande historiador de la religiones y de los estudios de religiones comparadas que haya producido el Occidente judeo-cristiano, me ha convencido de que *lo diabólico* fue una invención del cuerpo de teólogos y sacerdotes que atizaron la persecución, represión y la muerte del pensamiento que disintiera de un pensamiento único que la Iglesia Católica impuso desde la disolución del Mundo Antiguo en los países, pueblos, naciones y territorios que quedaron bajo su dominio. En uno de sus libros, de estudios religiosos comparados, que Mircea tituló **Ocultismo, brujería y modas culturales,** su autor nos ha proporcionado una aplastante documentación para demostrar que los antiguos cultos a la fertilidad, típicos de la mayoría de los pueblos del planeta, y otras tradiciones y cultos a divinidades locales o de pueblos tan distinguidos como Rumania, sirvieron de caldo de cultivo para elaborar un discurso en contra la heterodoxia y convertirlos en cultos satánicos. A la larga, esto se convertiría en una institución macabra que se llamó Inquisición, que llevaría a la más brutal persecución, castigo corporal, a la cárcel y en muchos casos a la hoguera a quienes creyeran o practicaran estas tradiciones. No sólo el caso de Caopernico, con su rebelde expresión5 in pus si muvi, sino

Diablo en una de sus acepciones originarias tenía la función de intermediario. En efecto, era quien mediaba entre las criaturas más débiles y las fuerzas situadas en posiciones qaue le otorgaban, o poseían mayor poder resolutivamente. En el pensamiento que se transparenta en el Antiguo Testamento incorporado luego en una solo libro sagrado en lo que se conoce por la **Biblia** no aparece originariamente el diablo con la acepción que se le da en interpretaciones posteriores de introductor el mal, sino en todo caso como el que tienta a las criaturas a la desobediencia por lo cual son estigmatizadas, mas nunca convertidas en parte de él, en sustancia ni en forma. Si se repasa bien, Lucifer es el ángel de la luz, el que ilumina al hombre la realidad que aceptará o cambiará según su libre arbitrio. El significado de lo diabólico para el vodú o *voduismo* en su acepción clásica haitiana no posee la amplitud espiritual que tenía el término *daimón* para los griegos antiguos. En efecto, el mundo griego le confió al *daimón* en su religiosidad las más extremas significaciones, desde el augusto y profundo concepto de lo luminoso, con la sentida dualidad beneficiosa o perjudicial para el hombre de lo sagrado, la fuerza o poderes sobrenaturales actuantes en la vida cósmica y humana, el propio destino del hombre, la naturaleza esencial de su alma, la denominación de todo lo irracional, la aplicación de providencia divina, hasta que degradado *in mala partem*—condición original propia suya—facilitó la acepción simbólica del mal en el cristianismo, al identificarlo con el concepto cristiano de demonios (Camarero, 1968: 5)

La naturaleza benigna de los *luases* creados por el Gran Maestro para ayudar a los hombres, no impide que existan criaturas cuya crueldad y gusto por el mal les haya ganado el calificativo de *diablos*. Estos pertenecen a la *nanchón* de los *petró* y "las gentes de bien se abstienen de todo trato con éstos y si ellos son las víctimas, se esforzarán en apaciguarlos sin rebajarse hasta el crimen".

(Métraux, 1958: 72; 102) Esta actitud está avalada por la imprecisión de la frontera entre el bien y el mal existentes en la conducta de esta clase de los espíritus *petró:* se desconoce cuándo hacen el bien o traerán la desgracia.

Los *luases* como los dioses griegos, "representan los sagrados orígenes de la vida: sobrehumanos más que sobrenaturales, no tanto simbolizan lo maravilloso y extraño del mundo cuanto la profundidad vital de la realidad"(**Ibid**.: 6). Aun en aquéllos de, impulsividad demoníaca, está presente un marcado antropomorfismo; lo veremos más adelante. Entre los diablos, en efecto, se pone en evidencia la especialización en la magia de los *luases* petró. Así, los *baká* —especie de seres perversos— tienen forma humana, ojos rojos y piernas o brazos cubiertos con piel pero sin carne (Courlander, 1985: 95), además de que son notables hechiceros y tienen fama de "comer gente" y de realizar actos malévolos. Se aclara, no obstante, que el "devorar a seres humanos" más bien se refiere a su destrucción. Los *baká* son, sin embargo, figuras intermedias.

En efecto, éstos establecen pactos con otra suerte de criaturas: con los *djab o* demonios, análogos en más de un rasgo a un hombre, pero sobrehumanos, feroces y terribles. Sus dimensiones van desde las más pequeñas hasta las más descomunales. También los diablos son hechiceros sobrenaturales; y es basado en este carácter que algunos hombres acuden a los *djab* y les piden algún favor. Incluso, aquellos que de repente enriquecen, se les declara sospechosos de haber establecido un compromiso con algún *djab* poderoso. Se conocen los riesgos que se corren al hacerlo porque los *djab* son insaciables. Por sus favores —que van desde proveer riqueza y posición política hasta destruir los enemigos de alguien— ellos siempre exigen más recompensa de la que quien los recibe es capaz de dar. En última instancia, se acude al ritual católico para romper la cadena de demandas de los *djab*. (Courlander, 1985: 97).

En República Dominicana los *baká* son entidades diabólicas que se manifiestan de forma animal. Los pactos con ellos entrañan las obligaciones más exigentes y peligrosas para la salud y la vida misma'. A tal grado que conseguir éxito económico a través de su mediación, por ejemplo, entraña un precio elevadísimo: "a veces tanto que se lleva a familiares o hasta su mismo 'dueño' en caso de que no pueda pagar". (Davis, 1987: 111, 09).

Existe una variedad mayor de seres diabólicos: el *lutin* es el espíritu de un niño muerto sin haber sido bautizado; el *revenant* es un espíritu de una persona muerta que regresa al mundo de los vivos para importunar a su familia o a los enemigos. El *lud-garú (loup-garoup),* textualmente, lobo… es un vampiro; tiene forma humana, pero abandona su piel y se transforma por la noche en animal que ronda en busca de una víctima. Si se encuentra su piel humana, no puede volvérsela a poner y así se abre la posibilidad de que pueda ser destruido. Una forma especial del *lup-garú* es el *bizango,* un enorme perro que ronda toda la noche en busca de gente a quien comerse.

También relacionado con aquél, hallamos el *demon,* una criatura masculina de personalidad y carácter amorfos que puede convertirse en un animal cuando lo desea. Todas estas criaturas, incluidos los *zeabeaups (zobóps)* —con reputación de caníbales humanos—, se reúnen en tomo a un árbol gigantesco y misterioso, semejante a la ceiba: el *mapou (mapú)* para plantear sus asuntos diabólicos. Como es natural, contra de ellos y la magia negra se levanta toda una parafernalia de actos y objetos anti-hechicerescos. (Courlander, 1985: 100, ***passim)***

Veamos lo que nos refiere el investigador estadounidense George E. Simpson con respecto al asunto de lo demoníaco tratado aquí. En el norte, al menos los *luases* de los árboles, son considerados sin exclusión como seres malignos *[malicious]*. Estos son Linglésou, Sousouan Pannan y Limba. Linglésou es un dios áspero que, a través de sus servidores, mata rápidamente y sin misericordia. Sousoua Pannan es un luá muy cruel que ama el alcohol y la sangre. Limba es un arbitrario perseguidor, un glotón cuyo apetito es insaciable, un *luá* que es llamado a matar y a comerse a sus seguidores. (G. E. Simpson, 1980:247). Basándonos en este mismo autor, proporcionemos algunos detalles del carácter de estos tres diablos. Linglosou es un *luá* de inira la feroz; no viste con ropas especiales, salvo un pañuelo rojo; habita en los abismos y en las rocas enormes; su animal ritual es un cerdo amarillo, gusta tomar vino y su color simbólico es el rojo. Por su parte, Sousoua Pannan es muy feo, de cuerpo cubierto de llagas; viste con una excéntrica combinación de ropas rallas; no tiene lugar fijo de residencia, aunque "vive en el aire", gusta de beber sangre y en su *manyé* se incluyen puerco y gallo colorado; el *clairin* y el *tafiá* son sus bebidas preferidas y, su color simbólico, es el color rojo.

El último esta tríada diabólica es una ente espiritual ordinario; en efecto, el vestuario de Limba no tiene nada especial, aunque su apariencia puede ser la de un ser desnudo, habita en las rocas, el animal que se le sacrifica es un cerdo, bebe alcohol fuerte y licores y tiene como colores simbólicos el rojo y el negro. Repárese en los detalles que se repiten: Se trata de seres asociados a la vegetación —más exactamente al árbol—, en lo cual creemos hallar una expresión de los cultos cubanos de origen bantú en los que el árbol es fuente inagotable de magia y hechicería; las tres formas demoníacas tienen como animal de sacrificio uno que está muy próximo a la tierra: el cerdo y como color simbólico: el rojo, aun cuando Limba emplea los colores con que se representan a los miembros de la familia de los Ogún. En cuanto al animal, se comprueba que el cerdo es el de los *luases petró*. (Price Mars 1968: 191)

Por último, llama la atención el lugar rústico donde habitan estas criaturas: casi todas lo hacen en sitios abismales, inaccesibles o duros, como las rocas. Coincidiendo con esto, nuestros informantes se refieren a los santos más fuertes como "aquellos que comen en el centro de la misma Guinea, en el centro mismo del monte", adonde hay que trasladarse para hacerles el *servi lwá* o servicio religioso. Estamos en presencia, en efecto, de *santos silvestres* cuyos caracteres y poderes sobrenaturales dificultan que puedan ser domesticados, esto es, que puedan ser iniciados para ser conducidos a casa de un oficiante donde adquirirán nueva residencia.

Habrá que estudiar el sustrato original que alimentó la aparición de estos seres dotados con tanto poder. Creo que el sustrato es netamente caribeño: surgido en el proceso de formación de las culturas nacionales, en particular de Haití, en el cual surgieron los loa *petró*, pero también deberá profundizarse e en el componente especialmente congo que se le incorporó al panteón voduista haitiano. En Cuba, el "centro de culto congo y su eje" lo constituye la *nganga* "concentración de fuerza mágica, telúrica", espíritu y fuerza sobrenatural en si misma a un tiempo. Se trata de un recipiente que casi siempre es un caldero de hierro que contiene, entro otros materiales, tierra del cementerio y, además, tiene que permanecer descansando en la tierra, fuente dotadora de su poderlo excepcional. (Vid Miguel Barnet, *La fuente viva:* 222-223).

Arturo Castiglioni afirma que la brujería surge con los albores mismos de la humanidad. Tal "arte en el que se intenta obedecer los fines deseados con medios demoníacos" degenerará en el culto al diablo, que se establece y extiende bajo el signo de rebelión contra Dios,

según la primitiva tradición judeo-cristiana. De acuerdo con ello, habría que conceder que el vodú es una religión diabólica porque, en su expresión inicial en el discurso de Bouckman, en Bois Caimán, se contrapone claramente al "Dios de los blancos" un Dios propio (Jean Price Mars, 1968:
49). Estamos en desacuerdo enteramente con la siguiente apreciación de Castiglioni:

> [...] el vodú es una extraña e interesante manifestación de culto diabólico que se asocia con prácticas obscenas y a veces presenta la forma híbrida de adoración a la divinidad. [...] En el vodú y siempre por el motivo de las dos fuerzas en pugna, se celebran los ritos por personas vestidas de blanco y de negro y son dirigidos por sacerdotisas. Como uno de los rasgos de este culto y derivaciones puede citarse la Misa de sangre, que celebraba ritos crueles y que en ciertas épocas tuvo numerosos fieles. (Castiglioni, [1972, 1: 214)

A pesar del rigor de la obra del doctor Castiglioni y de que sugiere apoyarse en "los estudiosos que han efectuado un amplio examen de este culto", su percepción del vodú es superficial y desacertada, en continuación de una visión prejuiciada acerca de las culturas negro-africanas que se remonta a la etapa de la Trata de esclavos, se continúa durante la etapa de la colonia y sigue vigente a lo largo de la contemporaneidad. No solo en lo que respecta a la exterioridad de este sistema religioso que él (des)califica de culto, sino en su aspecto inmanente; no sé en qué se basó para ver en el vodú "prácticas obscenas" y menos aún para considerarla como una religión dirigida sólo por mujeres, a pesar de que éstas desempeñan en ella un papel decisivo. Pero, en fin, volvamos nuevamente al tema que nos ocupa.

Los *luases petró,* "son por definición malvados" y, "los más temidos, clasificados de oficio en esta familia" (Métraux, 1958: 78), pero, los diablos ocupan el lugar más alto en la escala de la malignidad. Las cualidades que hacen de los primeros los más populares dentro del panteón vodú —las de ser magos sobrenaturales que lo mismo "pueden curar que embrujar" (**ibid**.: 77) —, las sobrepasan con creces este tipo especial de divinidades. El poder de los diablos es excepcional: lo que no resuelven los miembros de la agrupación *radá* o *petró,* solo los *lwa* diablos lo pueden resolver. De modo que, para vencer cualquier obstáculo, recurrirán a los medios más turbios para alcanzar los objetivos propuestos. Pero su gran celebridad, no obstante, no se funda tanto en su poder resolutivo como en su fama de seres devoradores de seres humanos. Se afirma, en efecto, "que no creen en nadie" al punto de que en vez de proteger, pueden devorar a alguien que no actúe como debe.

Se apoderan de la cabeza de algunos *caballos* pero, dado su poder excepcional, estos oficiantes que sirven de cabalgadura a los espíritus solo pueden ser haitianos, en tanto que los haitianos son los únicos que poseen las artes, dones o gracias especiales para convertirse no solo en sus servidores, sino en las personas capaces de conocer el modo en que los lwa manifiestan un poder y de controlar sus efectos destructivos. Así, el mundo mágico y sobrenatural que se teje en tomo a estos seres diabólicos, solo debe ser entendido por sus propios creadores y portadores de estas tradiciones religiosas:

> los haitianos que crearon estas creencias y prácticas y las trasladaron a nuestro país. Nuestros informantes se refieren a estas criaturas con la expresión de *ñañiguismo* o *brujería*. Para ellos existen tres figuras demoníacas diferentes: *djab,* ludgán *y demon;* los dos primeros son muy parecidos, pero "el *demon* es otra cosa". Todos son seres maléficos, pero el *demon* es más malo que el *djab* y el *ludgan.* Estamos en presencia de figuras concretas empleadas por los brujos o hechiceros *voduistas* para hacer sus actos de magia o encantamientos. En el pasado prerrevolucionario [1492-1959], cuando todo estaba regido por la ley del más fuerte, se establecieron guerras entre los brujos que echaban garra a estos recursos últimos para abrirse paso en un medio hostil o para neutralizar o vencer a sus enemigos. Atinadamente, señalaba el etnólogo haitiano Jean Price Mars para Haití y es válido también para Cuba,que haya una gran parte de magia en las alteraciones del culto vaudesco [...j Que el *hungá, o papaluá* explota la credulidad popular valiéndose del prestigio de que

está investido por sus conocimientos tradicionales de las plantas y el que él sea el distribuidor parsimonioso de la suerte y de la buena fortuna (de las que es incapaz de aprovecharse), es la mayor aventura que pueda tocarle a *una sociedad donde el elemento místico tiene un* papel *predominante de dinámica social.* (Price Mars, 1968: 197-198) [Yo subrayo: José Millet.]

Hay que tener presente que la religión fue uno de los mecanismos más eficaces utilizados por estos inmigrantes haitianos para preservar su identidad cultural, constantemente amenazada y atacada en Cuba. Solo a modo de ejemplo, veamos cómo se refería a ella la prensa al servicio de la burguesía prejuiciada y racista cubana: "en la provincia de Oriente, en Cuba, los haitianos se dedican a la brujería, contaminando a los morenos cubanos con atávico salto atrás. Tienen el culto supersticioso de voodu, lleno de actos de magia negra y prácticas dirigidas por un sacerdote que denominan "papa Bocú" *(United Fruit Company,* 1976: 248). Por supuesto, lo que la prensa denominaba como Papá Bocú es el papalwá o sacerdote principal de esta religión.

Muchas de estas creencias y prácticas se han prolongado hasta el presente entre estos inmigrantes. La ceremonia dedicada al diablo se realiza a las doce en punto de la noche y, en ese preciso instante, los niños no pueden permanecer dormidos, según nuestros informantes, "porque si pasa un diablo al que no alcanzó la sangre que haya allí [es decir, la que se le deposita en el sitio] puede llegar a la cama y chuparse la sangre de un muchacho que esto dormido. Por eso es que se levantan a todos los niños que estén durmiendo". Aquí está presente un *lud-garú*, cuya cualidad vampiresca se dibuja aún más en el siguiente testimonio de uno de nuestros informantes:

> El diablo se quitaba por la noche el pellejo y lo introducía en un pilón, lo destapaba y se ponla un "equipo" de saco y yagua. Leía una oración y por medio de esa oración se convertía en ave o en cualquier cosa y volaba y salía por ahí. Si tú eras su enemigo, llegaba a la casa a hacerte maldad y, si eras débil, se colocaba en tu casa y si tú tenías un niño chiquito, lo tomaba y el niño chiquito no podía dormir pues sentía que lo estaban pellizcando, mordiendo y te lo podían matar, porque se prendían allí para chuparle la sangre, y luego de cumplido ese objetivo, dejaba el cadáver allí. y cogía la sangre, el corazón. Ese era el verdadero *lugán, djab, demon.*

Lo más característico del mundo que se teje en torno a tan extrañas criaturas es que en ese mundo sólo se perciben los efectos y estos seres diabólicos están sujetos a la "ley" de la imprevisibilidad. En uno de los testimonios recolectados, una mujer que dormía al mediodía, después de una agobiante jornada festiva, salió de la habitación gritando, presa de un ataque de nervios. Según refirió luego, habían estado actuando a su alrededor unas criaturas invisibles que identificaba como masculinas por la parte inferior del cuerpo, porque no se les velan las cabezas que debían estar colocadas del techo de la habitación hacia arriba. Asimismo, las ceremonias del diablo tienen fama de realizarse invisiblemente; cuando se asiste, por ejemplo, al sacrificio cruento, uno ve el animal en pie y gritan *Abobó!* y se le ye caer, pero no se sabe quién lo mató. Otras ceremonias se realizan en el techo de la casa o enramada, pero no se ven las personas que las están realizando, sino solo el fuego que portan unos y otros de sus ejecutantes.

A propósito de esto último, cabe apuntar que en algunas de las ceremonias observadas por nosotros, se han producido fenómenos que, por la celeridad con que ocurrieron, podrían ser calificados de invisibles también. En una de ellas, un oficiante del vodú que acababa de sacrificar un macho cabrío, trepo de súbito, por uno de los postes de la enramada y produjo el efecto de haber desaparecido. Caminó entre los frágiles palos que sostenían este improvisado templo y se escabulló por el techo de guano de la casa de la vivienda contigua. Instantes después, reapareció y hubo una exclamación de júbilo y sorpresa. Nosotros interpretamos el acto como la exposición pública de los poderes que pueden otorgar los luases, capaces de hacer invisible a una persona. Tal vez haya en ello también algo de alarde de habilidad por parte del ejecutante.

En el mundo que venimos bosquejando las fuerzas maléficas acechan a cada paso y ellas mismas aportan soluciones de Índole parecida a las situaciones que a los creyentes se les presentan como mágicas. El siguiente relato de hechos ocurridos hace algunos años, tal voz ilustre lo que acabamos de afirmar. Un pichón, hijo de uno de los *hunganes* más importantes que hemos estudiado, asistió junto con varios familiares suyos a un servicio religioso dedicado al diablo. El inicio de la ceremonia debía producirse a las doce de la noche, poro alrededor de las cinco de la tarde se escapó del corral el enorme cerdo el destinado al sacrificio. Todos corrieron detrás de la bestia menos el sacerdote, padre del referido pichón que presidía la comitiva.

Cuando le caímos atrás al puerco [nos refiere el informante], riéndose, nos llama para debajo de la enramada y nos dice: "No cojan mortificación!, qué hora es?" Nosotros decimos: "Las cinco y media de la tarde", y en eso que estamos diciendo las cinco de la tarde, va llegando otro mayumbero [brujo] en su *sidecare* y dice: "Bueno, bueno, ¿qué pasa aquí? que veo a todo el mundo medio triste, intrigado. . . ?" Entonces él se echa a reír y le dice al otro mayumbero: "Nada, que se fue el macho del diablo y la gente lo ha querido agarrar, pero él se ha metido en el campo de caña adentro y nadie sabe adónde ha ido a parar". El le dijo: "Tú no mandaste a poner una vasija en el horcón mayor de la enramada para que viniera el macho? Bueno, ahora salió el macho de la caña y viene para acá". A los pocos minutos, vimos la verdad; un espectáculo aquello: los muchachos que estaban jugando bolas en el templo, salen y nos dijeron: "Por ahí viene el macho". Venía el macho así, contento, buscando sancocho.

Pero no es hasta este instante en que se ha puesto de manifiesto el poder del *hungan,* que se puede capturar al animal fugitivo. Precisamente es cuando aquél autoriza a cualquiera —incluso a una mujer o a un niño— a que lo enlace y amarre. Los haitianos son, según este punto de vista, gente "entendida" —que sabe poner los cantos para que bajen los diablos— y "grande", es decir, con poder para resistirlos cuando "ellos se posesionan. Esa fuerza puedo ser transmitida a otras personas allegadas; así, les dice un *hungan* a los hijos que lo acompañaban en una situación difícil: "Si yo me tiro en la candela, ustedes se pueden tirar también".

La afirmación de Métraux de que en la familia de *los* petró hay muchos luases que tienen fama de "diablos comedores de hombres" la hemos comprobado en repetidas ocasiones. En el siguiente testimonio de un hijo de un hungan que oficia una ceremonia en posesión de Lacuá y que tiene que enfrentarse una de estas temibles divinidades se transparenta tanto de carácter mágico como "caníbal" de este tipo de luases:

Antes de empezar la ceremonia [del diablo] hay una mujer que vuela, y venía a echar a perder la fiesta, a comerse al muchacho, a comerse el corazón. Era una mujer muy gorda. Yo no sé cómo Lacruá en la cabeza de mi papa, - huele eso, porque él tiene algo para detectar a la gente que no viene con buena idea, sino a perjudicar. Empieza a buscar y va directamente a la mujer y la agarra y le dice a una de las hijas del altar: "Búscame una silla". Cogió la silla y la recostó al poste de la enramada y le dijo en *creole:*

__ "Esa te la voy a vender, te la compré y la pagué, te la vendí yo, fíjate. esa es tuya hasta que yo esté dirigiendo esta fiesta; si tú vuelas, yo voy a volar contigo". Entonces le habló en castellano:

__ "Si vuelas, yo sé volar; si tú no sabes volar, yo no sé volar, y lo que tú sepas hacer, yo me atrevo a hacer1o.Te voy a invitar para que la gente vea que tú no eres tan brava como dicen. Para deseo ml tfl vas a demostrar, al que ve y al que no ve, lo que tú eres. Todo el mundo lo va a notar, porque tu ejercicio lo vas a ejecutar acá, pero sentada. Los ejercicios extraños que tü ejecutas para que nadie los vea, los vas a ejecutar aquí para que todo el mundo te vea".

En el transcurso de la ceremonia se pusieron las canciones y los toques indispensables para invocar al *luá* solicitado y "aquella mujer quería volar, despegarse de la silla, pero parecía que tenía veinte mil libras de cadenas que la estrechaban; nada más hacía ji, ji, ji!, hacía por volar, pero no podía". Para amortiguar el peligro que ella representaba, los cantos eran de una enorme efectividad: en esa ocasión se cantó uno que decía:

Que qué peligro que qué peligro
él ve peligro pero no ha pasado nada

Neutralizada esta situación, los visitantes creyeron que todo transcurriría por los cauces deseados. Pero los miembros de la cofradía los ven con mucho recelo: piensan que han venido a "robar artes", esto es, el poder ajeno, cosa que estaba muy alejada del espíritu de los visitantes, Surgen entonces los comentarios cáusticos e insidiosos. El *hungán* se reúne con su comitiva y le dice: "Lo único que les voy a decir, para que vayan sabiendo quién es su padre, es que si esta noche por los comentarios que ha habido no cuentan conmigo, la ceremonia no va a salir bien". Veamos según el mismo testimonio lo que ocurrió:

Las once y media y se ve a los mayumberos: unos preparando el baño del macho, otro el cuchillo, otros disponiendo las banderas y el silbato. Pero en eso cogen las doce en punto y nada se veía claro: a aquél se le cae el machete, al otro no le "bajaba el santo", como dicen ellos. A aquél en vez de empezar a bañar el macho por donde debla, empezó por las patas.Es entonces que el dueño de la fiesta, desesperado, acude al hungán visitante para que salve la situación, éste le responde: "le voy a ayudar de todo corazón, con todos mis hijos. Yo no traigo gente grande, ni gente que sepa, traigo gente nacida en Cuba, pero que se van a guiar por lo que yo les he enseñado. Voy a demostrar algo de lo que sé". Pero la decisión del dueño vuelve a levantar resquemores entre algunos miembros de su cofradía y el sacerdote se sienta. Las cosas seguían empantanadas y te, entonces, ordena a uno de sus hijos: *Pe* a *chanté diable,* esto es, una de las canciones que convocan a los verdaderos diablos.

> Entonces mi hermano [refiere el informante] empieza a cantar *Volé, volé, brijair, volé¡* y mi papá me parecía en aquel momento convertirse en mil hombres. Haló un "hierro", que tenía en la cintura, que ni una mosca se le podía posar. Sé que se tiró al poste de la enramada, pero no sé si el cuchillo se le quedó debajo de la barriga o si se lo enterró. Era el santo Lacruá que había hecho posesión de su cabeza. Otros acompañantes suyos caen en trance también; uno de ellos con Ogún del Monte.

Entonces se invierten las relaciones de fuerza:

> En ese mismo momento papa nos da la señal y nos arma a nosotros. Es ahí que la fuerza poderosa que existía [del lado contrario] viene para acá, existe en nosotros. Todos los espectadores se dan cuenta del cambio [...] donde mi papa [el *hungán]* nos da la orden, los toques, los golpes que va a haber, las canciones; hagan la ceremonia de un solo golpe si es posible, que ni nosotros mismos viéramos cómo se "sembró" el macho.

Entra en escena un individuo del lugar que intenta matar la bestia, pero "en el momento de matar al macho no sabía dónde había puesto el cuchillo; si aparecía el cuchillo no aparecía la bandera.

El *hungán* le dice a su grupo: "ya ese macho está muerto"; agarra la tumba y le ordena a Togó que se habla apoderado dc uno de sus acompañantes: "Cuando yo diga *abobó,* aquí es un *abobó! Tu-po-ba",* es decir, del lugar donde reman los santos más fuertes de Haití. "El machetazo que tú vas a dar, no se puede ver y se va a ver; nada más vamos a verlo tú y yo. Que vean la sangre que el animal derramó y donde lo picaste, para que vean que no se mató con nada que sea trampa" Y la pequeña comitiva comenzó los toques y las danzas que anuncian siempre el desenlace del sacrificio:

Ahí Togó, en la cabeza de mi amigo, se metió debajo del macho y todo el mundo vio el cuchillo levantado. Cuando dijeron *Abobó!* tres veces, ya el hombre le tenía el cuchillo clavado. Entonces un hermano ml para que aquello quedara más lindo, le dice [a Togó]: "Saca el cuchillo para que la gente vea que es una sola puñalada, que tú no estás' buscando el corazón, que ya lo cogiste". El sacó el

cuchillo y se paró sonriendo, alegre. Dice mi papa:
__"Lo cogimos, estamos alante!"

El éxito incrementa la envidia por la actuación de la comitiva, después de aquella noche frente al altar del dueño de la fiesta.
Protegían unos a otros. A veces amanecían cantando, aunque estuviesen acostados. Varios de sus integrantes eran objeto de proposiciones por parte de mujeres enviadas para comprarlos. Y la respuesta siempre fue negativa. Entonces es cuando se desencadena lo que para ellos fue un acto de brujería o ñañiguismo, causado por algunos miembros de la cofradía rival.

Dada la malignidad o el poder de maleficio de las fuerzas en pugna, el miembro de una comunidad que asiste a una de las fiestas dedicadas a! diablo debe ir muy bien protegido y comportarse con extremo cuidado. De lo contrario, puede caer víctima de un golpe fatal. Nuestro informante nos cuenta que asistió a la ceremonia que estamos describiendo, sin cordón, ni pañuelo en la cabeza ni ningún perfume extraño que le hubiese frotado un *hungán* para protegerlo, solo con la gracia de este guía que lo acompañaba, y tenía la seguridad dc que nada más mirándolo a éste, no habría quien se le acercase o le agrediese.

Como la fiesta se realizaba en casa de un primo suyo, el sacerdote se descuida, y es entonces que el enemigo hace blanco en su discípulo: a Xl2 le atacan fuertes dolores de cabeza y vómitos de sangre. Es llevado a un hospital, pero en el hospital le descartan que su padecimiento sea "cosa de médico".

Entonces se produce un violento enfrentamiento entre el *hungán* visitante y su primo, que es mayumbero. El primero le hace saber al segundo que su discípulo es víctima de un daño y, dada la importancia que éste le merece, está dispuesto a ocasionarle un estrago mayor en su familia si no ve que levanta el embrujo. Él podía levantar el maleficio, pero en ese caso lo haría para devolvérselo a los agresores causándoles mayores males. Los victimarios acceden al pedido y conducen a la víctima a un baño donde habrá una enorme tinaja y le piden que se desnude.

El *hungán* pregunta qué tipo de baño le van a proporcionar, aclarándoles que no podían hacerle el que corresponde a la iniciación, con lo cual corta la posibilidad de cualquier trampa. Finalmente, lo bañan "con la buena fe", con un agua perfumada y le dan golpes en la cabeza con gajos y hojas. Luego lo sientan en una silla situada frente al altar y allí rezan un rato. La suspensión del maleficio concluyó de esa manera y el embrujado es enviado a almorzar acto seguido. Así fue como murió, autos de nacer, una guerra entre hechiceros voduistas en

Cuba, que pudo haber tenido fatales consecuencias, según nuestros informantes.

Tomás Poll, el más famoso *hungán* de que tenemos noticia—y de quien más adelante hablaremos al referimos a sus *luases*— inscribió en la memoria colectiva de los haitianos de la Sierra Maestra un tipo de ceremonia que corresponde al servicio que se le ofrece a los *diables*. Absolutamente todos los participantes en la celebración vestían con ropa de color rojo —incluida la ropa interior— y marchaban detrás del sacerdote que cabalgaba un hermoso corcel, desde el cual ejecutaba todos los ejercicios. Al llegar a la ceiba, en el centro del monte, el jinete hacía sonar el silbato y en medio de la noche lo único que se veían eran las luces amarillas, verdes y azules que se trasladaban de un lugar a otro o descendían del árbol como si fuese de un hachón intermitente. Con ese instrumento musical se ponía a silbar, a reinar, a llamar a los *luases* descomunales que poseía y con ello se iniciaba la celebración.

Al pie del árbol, todos los miembros de su familia se reunían para esperar el sacrificio del animal, evento que se hacía con toques pero no de tambor sino de silbato, empleando asimismo campanas, maracas, cencerros y campanitas. Pero el golpe era seco. Si el diablo estaba de acuerdo con el sacrificio, santiguaba a la familia y se iba para la casa.

En las ceremonias de este sacerdote no dejaban de existir elementos espectaculares, no solo referidos al juego del machete, en el cual se hacían demostraciones impresionantes. Su cuñado, por ejemplo, que era *pití-fei* o hijo de altar, mostraba gran originalidad cuando "trabajaba": se picaba un trozo de la lengua y la depositaba en un plato a la vista de todos. Ponía después una palan ganita blanca y se bebía una botella de aguardiente; acto seguido, vomitaba en este último recipiente una cadena grande de oro y siete piedras de distintos colores que tenía en el estómago. Entonces era cuando comenzaba verdaderamente a "trabajar" —jugaba con el machete empleando para su propio cuerpo— y, al término de su "labor", lavaba con aguardiente la cadena referida y se la volvía a tragar.

La ejecución de un juego tan impresionante con machete, solo era posible con el concurso de *Togó* y *Ogún del Monte*. Estos *luases* precisamente son los más hábiles y diestros macheteros, y los encargados de los sacrificios de animales realizados con armas blancas, más inverosímiles por la audacia y precisión del corte y por la belleza en general con que ejecutan sus movimientos para hacerlo. A veces ellos prestan sus destrezas para que en determinado rito se realice como si fuese de un modo oculto, aun cuando lo que ocurra tenga lugar frente al púbico.

En los ejemplos expuestos, se habrá podido apreciar como esta clase de divinidades maléficas propician la intensificación de un mundo donde la magia lo domina todo; asimismo, se podrá visualizar cómo los diablos gustan de hacer sus actuaciones en el monte, al pie de os árboles y a una hora indicada. A las anteriores características hay que añadir la siguiente: los diablos comen debajo de la tierra. Acerquémonos, en lo adelante, un poco más a las criaturas clasificadas por muchos de nuestros informantes en este grupo de loases diabólicos. Sobresale entre éstas *Djab Montañe* por la urdimbre de cosas secretas que se tejen en tomo suyo. Es de un tipo de santo realmente poco común; se le "llama" o invoca a una hora precisa de la medianoche— y en un lugar donde solamente él acude: en **el centro** del monte. Muchos *luases* son convocados a diversas horas del día y se presentan a la hora en que se les invoca, pero él no: solo se le invoca, repetimos, a las doce en punto de la noche, ni un segundo antes ni un segundo después.

Djab Montañe tiene rasgos antropomórficos en su figura, pero de proporciones descomunales: los del tamaño de una palma, con enormes brazos largos y extendidos. Su cabeza la lleva cubierta con un capuchón de tela blanca y hay quien afirma que su vestuario es de este mismo color blanco. Es tan exageradamente alto, que no pueden distinguirse sus facciones que, para colmo, se ocultan aún más en medio de la oscuridad de la noche. Se mueve pesadamente y, al hacerlo, agita sus enormes mangas, hasta dejar ver una gran cadena que lleva atada a la cintura.

A este diablo se le sacrifica un cerdo entero o verraco de color grisáceo. Su comida debe ser cocinada a una hora determinada y colocada toda en el lugar donde habitualmente se le ofrenda al pie del árbol donde vive. Nadie podrá robar parte alguna de este alimento que, al día siguiente de la ceremonia, es enterrado en un hueco que se cava justamente en el lugar donde se le había colocado antes. Allí se le deja su bebida preferida: la "fuerte", o sea, de elevada concentración alcohólica. Se incluyen en su *manyé luá* viandas de diversos tipos.

Se trata de un espíritu verdaderamente extraño y despiadado. Nunca "monta' en casa de habitación alguna porque, de hacerlo, provocaría el pánico entre los concurrentes, además de destruirlo todo. No hay nada que se le solicite que no lo resuelva o proporcione. Así es de terrible. Se parece a *Gran Buá* en su poder: todo lo resuelve. Pero solo las personas insaciables en sus ambiciones osan pedirle o adorarlo. Quienes lo invocan, en efecto, lo hacen para pedirle cosas extraordinarias o de valor excepcional, como bienes materiales cuantiosos o riquezas. Para obtenerlas, le hacen ofrecimientos que, de no ser cumplidos, Djab Montañe las cobras al precio de la vida de quienes se los habían prometido.

Gran Buá se distingue por una inherente vinculación arbórea: dueño del monte al fin, a todo a quien él posee lo domina un impulso instantáneo de agarrar algún palo en sus manos o cuerpo. Se le conoce como "el hombre de la horqueta", pues en estas bifurcaciones de las ramas del árbol donde se le ofrenda, hace sus artes de magia y acrobacias el día de su servicio religioso. Pero Djab

Montañe también tiene fama de glotón insaciable, como Limba; se dice que, al comer, "no mira a nadie" y no comparte sus alimentos con nadie.

A Lenglesú su *manyé* se le hace un día muy significativo de la semana: el martes. Se alimenta solo de macho entero e ingiere impresionantes cantidades de ron, aunque sobre todo prefiere aguardiente con picante. El animal que se le ofrenda no se mata a puñaladas, sino que es degollado como si fuese un chivo. Se abre luego un hueco en la tierra donde son colocadas las viandas, una botella de ron y otras comidas y, sobre todas ellas, se derrama la sangre del animal. En ese orificio se depositan finalmente las partes ofrendables del animal sacrificado: la cabeza, las cuatro patas, el rabo y el corazón. La comida confeccionada con el resto del cuerpo del animal puede ser consumida por los asistentes a la fiesta.

Carlos Esteban Deive (1975: 180) incluye a Lenglesú en la familia de los *loas radá,* presidida por Belie Belcán. Y es que, en realidad existe más de un Lenglesü, que sepamos, al menos tres: Lenglesú Vasensá, al que se le sacrifican cerdos enteros; Lenglesú Guayá, que come cerdos hembras y Lenglesú Damá, alo que hay que ofrendarle un cerdo de patas blancas. Ti-No, el fallecido sabio *divinó* de la comunidad cubano-haitiana de Barrancas, nos aclaró: "Pero el *luá* Lenglesú come chivos". Simpson, por su parte (1980: 266), describe a un Lenglesú violento y peligroso que aparece en una ceremonia profiriendo reproches y amenazas. Al final de su intervención se produce un estado de excitación tal entre los voduistas presentes, hasta que se llega a "una suerte de histeria colectiva".

Zaú Pembá, aun siendo un espíritu acuático, se desplaza a ras de la tierra, envuelto en fango y sobresale por .su hosquedad: se dice que "no tiene amigos". Es tan terrible al posesionarse de un caballo, que envía al servicio que se le realiza a un miembro de una cohorte, el que lo sustituye en la ceremonia. Las bebidas alcohólicas las ingiere por botellas. Esta última es también una característica de Criminel, de quien se dice que puede estar bebiendo alcohol por tres días ininterrumpidamente sin emborracharse. Al mencionar a este *luá* me viene enseguida a la mente el nombre de Togó, porque ambos se igualan en una cosa: en la violencia.

Togó y Ogún usan atributos iguales —pañuelos rojos y negros—, Togó se diferencia de Ogún por su carácter violento e incontrolable cuando monta su caballo. Entra mugiendo y dando saltos, mientras que Ogún "llega" sereno y se muestra muy dispuesto a conversar; con éste generalmente no se producen problemas.

Las diferencias entre Criminel y Togó parecen desdibujarse en su actuación práctica. Sabemos que los dos se comportan como miembros de la familia de los Ogún y que, sin duda de ninguna clase, pertenecen por igual a la categoría de los diablos. Aunque a Criminel lo apodan con el mote de El Matarife, Togó, por su parte, es el más diestro en las artes del sacrificio. Por su fortaleza y precisión en el tajo, a éste se le reclama invariablemente en esta función importantísima del rito. Criminel, en cambio, se distingue por el arte desplegado en la danza ritual y en el juego con el machete, que preceden al sacrificio.

Criminel tiene como lugar de habitación algunos sitios de la naturaleza: puede vivir en los árboles, en las montañas o en otro punto de aquéllas. No obstante, por lo regular se establece en un árbol determinado, al pie del cual se le sitúan las ofrendas. En ese sitio se le invoca y allí es donde él hace posesión de su caballo. Su fiesta o serví loá puede realizársele cualquier día de la semana que no sea domingo. Se le sacrifican un chivo y un polio pintos, a los que se los añaden viandas de diversos tipos.

Cuando llega o se presenta en una fiesta, su caballo se arremanga uno de los bajos del pantalón y de inmediato toma en sus manos el machete, subrayando con ello su afición por el derramamiento de sangre. Esto es, gusta mucho de las matanzas de animales, lo cual se aviene muy bien con su carácter violento. Ingiere grandes cantidades de bebidas alcohólicas, pero su caballo no manifiesta el más mínimo síntoma de ebriedad. Es de los santos que toman sangre directamente de la herida del animal sacrificado. Su vestuario es todo rojo, el cual es de hecho su color simbólico. Cuando algo sale mal, se revuelca en los tizones de la hoguera y lanza buches de aguardiente con picante al público en forma agresiva.

Obbá Lomí se representa con un vestido y una pañoleta, ambos de color blanco; usa una falda larga y su bebida preferida es un fluido meloso, no alcoholizado. Hay algo en su caracterización exterior que llama la atención: lleva terciado en su cuerpo un pañuelo blanco y negro. Pero algo más significativo: vive en la ceiba, árbol del cual obtiene su extraordinario poder. Según uno de nuestros informantes, ella es "la reina de la ceiba". Se trata de una divinidad muy antigua, venida de África y que en Haití se le denomina *Congo Azuecá*.

Venancio, un anciano sacerdote a quien nos referiremos en seguida, nos aseguró que Dambalá es igual que santa Bárbara: unas veces se presenta como hombre y otras veces como mujer. Cuando lo hace como mujer, pide un taburete para sentarse y, si silba, no cobra por su trabajo. Por eso es que sus ofrendas tienen que ser regaladas: porque este *lua* no cobra nada. Dambalá-hombre es el rey de los santos guerreros, según este informante: es porque Criminel y Togó.

Ibó-la-famí se distingue entre todos los diablos porque su fiesta debe realizarse cada veinticinco años. Su animal preferido es un verraco enorme y viejo, aunque pueden sacrificársele también chivos viejos de color negro, que es su color simbólico, pero siempre deben poseer proporciones descomunales. Se incluyen en su *manyé loá* un gallo y una gallina.

Para el *hungán* Venancio, *a* quien acabamos de mencionar, los diablos habitan solo en el monte y en las cuevas. Cuando ellos pasan, según él, hay que despertar a todo el que esté durmiendo porque, de lo contrario, pueden llevarse a las personas dormidas consigo. La cabeza de Venancio fue poseída largo tiempo por el *loa Ciclón*, de naturaleza demoniaca, el que cuando se adueñaba de la cabeza de su caballo hacían falta veinte o treinta hombres para controlarlo y, aun así, "podía levantarlos a todos". El sacerdote sucumbió a la violencia terrible de este santo que había terminado por debilitarlo físicamente. Ha sido por esta grave situación que él —incapaz de sostener la relación— "dejó de darle comida para que se retirara". A esto también se refiere la afirmación acerca de los diablos devoradores de hombres: el diablo termina por comerse a su caballo.

Sector La Cruz, parroquia Los Teques, Municipio Guaicaipuro, Estado Miranda (Venezuela), junio 06, del 2017; marzo.26.2018.)

Capítulo V.-**Diccionario enciclopédico mágico religioso cubano: el vodú en Cuba**

Nota Explicativa

El presente capítulo de nuestro **Diccionario enciclopédico mágico-religioso cubano** es fruto del trabajo paciente y sistemático realizado por mi persona, iniciado cuando presidí el Equipo de Estudio de las religiones afrocubanas y el espiritismo durante más de veinte años en la Casa del Caribe, institución que fundamos en Santiago de Cuba el 23 de junio del año 1982 un grupo de compañeros que compartimos aulas en la Universidad de Oriente a partir de 1968, estudios que se prolongaron en la década de los años 70 en que nos graduamos en aquella casa de altos estudios. En la Casa del Caribe trabajé hasta que me vine a trabajar a Venezuela en el 2005. Al referido equipo de estudio perteneció la madre de mis cuatro hijos, Ivonne Menéndez Angulo, a quien reconozco aquí por su voluntad y aplicación a toda prueba no sólo en la transcripción y la mecanografía de las numerosas entrevistas que realizábamos en nuestro trabajo de investigación de campo, las que usamos en la elaboración de nuestros trabajos, uno de ellos el presente glosario que forma parte del **Diccionario enciclopédico mágico religioso cubano**, sino también por su participación en las reuniones del equipo y por sus opiniones expresadas en ellas, las que constituyeron contribuciones que luego se emplearían en varias de las esferas del trabajo de creación, como los numerosos artículos, estudios y audiovisuales que llegamos a elaborar. Ella se distinguió por su cuidado y perseverancia en cada una de las acciones emprendidas en aquella encantadora época de nuestro trabajo creador colectivo y participó en la elaboración del glosario publicado en la revista **Signos** del Ministerio de Cultura de Cuba. Vaya hasta ella y al resto de los integrantes de la Casa del Caribe y del mencionado equipo de estudio nuestro sentimiento de agradecimiento y estima.

Mi conocimiento del pueblo de Haití y de su espiritualidad se remonta a mi infancia, transcurrida en Holguín, una ciudad de oriundez española en que a los niños, para que nos portáramos bien, se nos amedrentaba con los "hombres con macutos", que no eran otros que los inmigrantes haitianos, venidos a trabajar a nuestra Isla como braceros, cortadores de caña de azúcar o recogedores manuales de café procedentes de su devastado y maltrecho país de origen. No imaginaba que su presencia en mi país natal se remontaba a tiempos de la Revolución de Haití, cuando buena parte de los dueños franceses de plantaciones escaparon de la única insurrección victoriosa de esclavos que reporta la Historia de la Humanidad, flujo migratorio que se extendió luego en tiempos de la I Guerra Mundial hasta completar un capítulo de una verdadera Odisea, que no se ha terminado de escribir. Y luego, en los años 60, compartí faenas de recogida de café—en mi caso, en voluntariedad, como estudiante de la enseñanza de secundaria básica --.en las estribaciones de la Sierra Maestra, en Guantánamo y en la actual provincia de Santiago de Cuba. Por primera vez compartí tanto con haitianos como con haitianas, escuché hablar entre ellos en su lengua criolla haitiana, mal denominada *patois* y la palabra *vodú*, religión en cuyo estudio me enfocaría a partir del año 1983, en una investigación profesional que no ha cesado aún. Un hijo de inmigrante francés, nacido en el barrio Pueblo Nuevo fundado por franceses, no imaginaría que escribiría y publicaría en 1992 **El vodú en Cuba**, el primer libro en la historia de Cuba que daría a conocer al mundo que la identidad del cubano se había completado con los aportes sustantivos del heroico pueblo haitiano y que daría a conocer el último sistema de pensamiento religioso descubierto por el equipo de estudio que he mencionado más arriba. Y, para colmo de dicha, con el documental **Huellas,** del Director de cine Roberto Román, terminaríamos de iluminar el rostro de aquellos inmigrantes que tan profunda e imperecedero impacto habrían dejado en la cultura nacional de Cuba.

Los autores principales que han tratado el tema del vodú en Haití, en sentido general, se refieren al fondo de África como escenario de alimentación principal, pero pasan por alto que no puede entenderse el *vodú* plena y totalmente sin referirlo tanto a la historia del antiguo reino de Dahomey de donde fluyó el "agua" cual manantiales, como la del propio Haití donde esa agua se "empozó" para que nadasen en ella las entidades principales de que se compone esta religión y, entre ellas, el mal denominado culto a la culebra ocupa un espacio al que hay que referirse una y otra vez porque se le ha demonizado para dañar a uno de los pueblos más creadores del planeta. En estos issues están las claves para interpretar la cosmogonía espiritual y el universo en que se mueven no sólo esas entidades que se llaman *vodún* en África, *loas* o *misté* en el Caribe, espíritus esenciales de esa cosmogonía tan especial que trasciende a la de otros pueblos. Pongamos por caso la pareja de Mawu-Lisa, en representación del Sol y de la Luna, aparentemente lejanos de esos *loa* que actúan como sus "representantes" en la Tierra; debe irse un tantico más allá para representarnos el tótem cósmico en torno al cual nada se podría entender acerca de este sistema religioso y que no es otro que la serpiente la que, para muchos, es objeto de culto, lo cual para mí es una idea superficial y errada de lo que subyace debajo y en torno de ella.

La voces y exclamaciones incluidas aquí responden a nuestro esfuerzo por transliterar al castellano que hablamos en Cuba las palabras y expresiones tomadas de labios de nuestros informantes haitianos y sus descendientes haitiano-cubanos y nos hemos apoyado en las fuentes escritas de que dispusimos cuando vivíamos en la ciudad de Santiago de Cuba y que fueron incluidas en la primera edición de nuestro libro **El vodú en Cuba**, que editamos y publicamos en República Dominicana en el año 1992 y que ha sufrido varias ediciones en Cuba, pero que, a pesar de nuestro esfuerzo por motivar a familiares, amigos y colegas, es asignatura pendiente por traducirlo a alguna lengua "extranjera", como el inglés o el francés. En el glosario, a menudo, me he inclinado por ofrecer las voces y expresiones como las he escuchado, no como podría escribirlas si partiese de una grabación de las tantas que hice en el transcurso de más de 20 años de convivencia con los haitianos y haitianos-cubanos en la Sierra Maestra, en las ciudades de Palma Soriano, Santiago de Cuba, Las Tunas y en la propia Habana, adonde han emigrado muchos de ellos en las últimas décadas del siglo pasado (XX) y principios del nuevo milenio. Pero esas grabaciones dejadas en cintas magnetofónicas pasaron a mejor vida en manos de la señora Xenia Carrión Mustelier, a quien le compré el apartamento donde viví desde 1982 con mi esposa y cuatro hijos en Santiago de Cuba y que lo invadió y se apropió de él una vez que yo me quedé a vivir en Venezuela…Ahora he recurrido al recurso de dárselas a leer a algunos haitianos con que convivo en el sector La Cruz, de Los Teques, Municipio Guaicaipuro; temerosos de que se les vincule con esta religión diabólica, me han prestado asistencia, aunque han rechazado insistentemente en que no los mencione en nada de que lo que escriba y, como ven, yo he accedido a su petición porque no hallo cosa más horrible que negar las esencias de una espiritualidad tan original atascado en los resortes de una sociedad donde impera el Poder de la Iglesia católica y de los prejuicios raciales y xenófobos que sólo unos pocos atacan de frente en la Venezuela amada donde decidí vivir.

Resulta hoy motivo de alegría que podamos poner en las manos de lector esta obra, que tengo la esperanza de verla traducida al francés con el concurso de mi sobrina Olguita Fernández Millet y de su esposo y amigo Xavier Goegler y que está ya muy alejada del manuscrito original que elaboramos a partir de nuestras investigaciones de campo, el estudios de los clásicos que habían escrito acerca del vodú propio de Haití y de su extensión en República Dominicana, cuyos resultados iniciales fuimos publicando en los artículos y estudios que vieron la luz, primeramente en numerosas publicaciones periódicas cubanas y de otros países. En la edición príncipe dominicana del libro **El vodú en Cuba** incluimos un vocabulario básico que hemos reelaborado en el transcurso del último cuarto de siglo de estudios, investigaciones de campo en varios países, lecturas de obras entre las que menciono en primerísimo lugar las de Mircea Eliade, quien es el más grande historiador de y de los estudios comparativos de las religiones a nivel mundial, así como de intercambios con colegas, participación en eventos académicos y de la maduración de mis ideas y de mi pensamiento como autor en su conjunto.

Coro, 2008- Los Teques, Guaicaipuro, Estado Miranda, Venezuela, noviembre 16, 2016, junio 06.2017- abril 07.2018

A. *Abobó¡* Exclamación ritual que marca el final de los cantos en las ceremonias y ritos del *vodú* en Haití. En Cuba sirve también para dar inicio a una ceremonia o a un canto y, raras veces, a diferencia de lo señalado por el etnólogo francés Alfred Métraux, es acompañada por el ruido del choque de las manos con los labios. Nuestras observaciones de campo confirman que es expresiva del entusiasmo religioso que acompaña a las celebraciones festividades de exclusivo sello *voduista* haitiano.

*Acasán.*Alimento preparado a base del líquido lácteo que se obtiene al moler el maíz y que, acompañado de azúcar, y a veces de leche, ha servido de base nutricional al pueblo haitiano. Cuando se le añaden migajas de pan, yema de huevo, jugo de caña, sangre de gallina sacrificada, perfume, según Coachy, se convierte en una mezcla litúrgica que se le coloca en la cabeza al neófito durante la reclusión que se le impone en el complejo del proceso de iniciación de una persona en el *vodú*.

Acrá. Vocablo criollo haitiano para designar al Buñuelo confeccionado con harina de yuca o de malanga.

Agua. El valor mágico y religioso de las aguas la comparten muchos pueblos de Africa, Haití y otros del Caribe con muchos otros pueblos del mundo. el agua es fundamental para acercarse y comprender la cosmogonía espiritual del vodú, muchas de cuyas divinidades habitan en un mundo soterrado que es una especie de gran laguna que se conecta con la parte sólida del planeta Tierra. Desconozco si se trata de aguas dulces o saladas o el encuentro de ambas, pero la constelación de los loas o "santos acuáticos" comprende divinidades de una y otra clase de agua. Podría decirse que si dos terceras partes de él está integrada por el líquido elemento, la buena lógica indica que así sea, pero ese mundo es algo más complejo al punto que para Joel James existe un predominio de los loa de la familia de los Ogún, lo que contradice tal lógica Para ese investigador los dioses que dominan el metal, las armas y la guerra impusieron tal dominio, al parecer—según opino—por el mismo origen beligerante de este sistema religioso en el propio Haití. En Haití las fuentes de agua, como los ríos, son un importante elemento para ritos de fuerte componente de función de magia natural, como la de la purificación colectiva mediante inmersión en y la sanación mediante el agua.

Agua, culto a los ríos, arroyo y otras fuentes acuáticas. No creo que sea sólo la función de purificación y sanación lo que mueve al pueblo haitiano a participar en verdaderos festivales del agua, abiertos y públicos, en que se les observa metiéndose y bañándose en fuentes de agua dulce, durante varias ocasiones del año; para mí es que en Haití existe un culto a las aguas, cuyas fuentes se tienen como dotadas de espiritualidad tan relevante que recompone el espíritu de individuos, de grupos no sólo vinculados a las creencias y a las prácticas voduistas , sino también de comunidades enteras creyentes o practicantes o no de este sistema religioso haitiano. He observado fenómenos mágicos y religiosos colectivos semejantes a este Haití en las montañas de Sorte y Quibayo, espacio del Estado de Yaracuy donde se originó el mal denominado Culto a la Reina María Lionza y en medio de esos montes considerados sagrados, sortean fuentes de agua donde los devotos se bañan, en compañía de oficiantes y guías espirituales de ese culto extendido ampliamente en todo el territorio de Venezuela y que para mí constituye un sistema mágico-religioso venezolano.

Agua, fuente de fertilidad.- No descarto la existencia de creencias asociadas a la función fertilizante del agua en el ser humano, aunque no he logrado documentarlo fehacientemente, aun cuando conocí el caso de una joven infértil que procreó a partir del tratamiento de un *houngan*, sin tener precisados los detalles del proceso.

Agua, mito del agua que brota de la roca. En cuanto al baño bajo las aguas que brotan de o entre las rocas es necesario documentar su existencia en Haití, pero he podido ver fotos en que se observan personas bañándose en ellas, lo que podido observar en Venezuela. En una de las comunidades voduistas de la Sierra Maestra he podido documentar en los bordes de un arroyo la recolección de raíces y hojas para la preparación del *tifei* y son muy comunes allí los pasos de agua, los manantiales y los pozos.

Agué Taroyo. Hay coincidencia en que se trata del dios del mar y, en Haití, se le representa como una persona de piel clara y ojos azules, con pleno dominio sobre ese líquido elemento, y aun sobre sus agentes naturales. En República Dominicana, el investigador Esteban Deive afirma que también es el dueño de las tempestades y de los rayos, lo describe como un espíritu violento y terrible, patrón de los marineros y los pescadores, cuyo color simbólico es el blanco. Además, se presenta como un mulato de piel clara con ojos de color verde que viste uniforme de marinero. En su monumental libro *The drum and the hoe*, Harold Courlander afirma que se le representa con un barco, mientras que el investigador Deive dice que se le representa también con un pez.

Agüé Toné. Loa o espíritu de las tempestades y los truenos.

Aída Wedó o Ayidá Oueddó Identificada con la esposa de Damballáh Wedó, sin embargo, es parte sustantiva de una unidad que porta el nombre de este último *loa*, en la cual coexisten armoniosamente los principios extremos y compuestos definidos como lo negativo y lo positivo, lo femenino y lo masculino, lo activo y lo pasivo, el yin y el yang. No está distante del significado simbólico de la culebra que se muerde el extremo del rabo…para dibujar el mítico círculo.

Alarcón Fajardo, Ricardo Alexis "Buchito"(Palma Soriano, 195..) Uno de los investigadores que mejor conoce los intríngulis de la religiosidad haitiano-cubanos en la Isla, a partir del trabajo de investigación de campo que emprendimos desde la Casa del Caribe bajo la guía de su director, el creador histórico-cultural Joel James (ver) y quien es co-autor del libro **El vodú en Cuba**, junto con éste y mi persona (José Millet.) Actualmente trabaja en una dependencia de Artex, en Santiago de Cuba.

Alén, Olavo (La Habana, 195..) Sin dudas que ha sido uno de los musicólogos más importantes de la música cubana, a quien se deben estudiosos meritorios sobre la Tumba Francesa, entre otros de interés para este Diccionario y su equipo de estudios del CIDMUC trabajó con el equipo de la Casa del Caribe en investigaciones de campo acerca del vodú en la Isla de Cuba.

Allada o Alladá. Asentamiento del antiguo reino del Dahomey de alto valor simbólico para los creyentes ny practicantes del vodú. De ese nombre, al parecer, deriva la voz *rada*.

Anaisa. Es conocida en Haití con el nombre de Mademoiselle Anaise, y Esteban Deive afirma que se trata de un loa que los creyentes dominicanos identifican con la Afrodita del Olimpo criollo y con la diosa del amor, caracterizada por la alegría debido a su predilección por las bebidas, el baile y los perfumes. En el panteón del *vodú dominicano* se afirma que fue una prostituta y se le atribuyen dones especiales para los asuntos amorosos: es frívola y casquivana, gusta de cambiar con mucha frecuencia de pareja. Su color simbólico es el amarillo y el rosado.

Apolisa. El escritor haitiano René Depestre considera que esta es una palabra del lenguaje ritual cuya base idiomática original son los dialectos africanos transformados en el Caribe.

Arbe reposuá. Textualmente árbol donde se reposa. Cuando escribimos en nuestra patria chica Santiago de Cuba y luego trabajamos en República Dominicana la primera edición de nuestro libro *El vodú en Cuba* (1992), afirmé que se trata del árbol sagrado, habitación de uno o más *loa* del panteón voduista, como lo es la ceiba para los *orichas* u otras entidades del panteón de la Religión lucumí o Regla de Ocha, es decir, de la santería afrocubana. Dicho árbol o, tal vez, una planta, lo encontraremos en el patio o en algún lugar del exterior más próximo a la vivienda del sacerdote voduista o *houngán*. En esa casa, el o los loa que viven en ella, reciben sacrificios u ofrendas materiales de diversos tipos, ordinariamente hechas o depositadas entre sus raíces, o en un hoyo cavado al pie del tronco de este árbol. En algunos países o territorios, este árbol sagrado es vestido con ropas y cintas con los colores simbólicos de las entidades espirituales que moran en él. Sinónimo de *asiento* donde residen uno o más loa. Aquellos loa caracterizados como loa del monte eligen un árbol de su predilección, pero lo habitual es que alguien seleccione un árbol donde será iniciada esa relación con el loa. Y en ese lugar se le ofrendará y serán realizados aquellos ritos o ceremonias que marque la tradición voduista haitiana. Pienso que estamos en presencia de un *tótem* de los que abundan en estas religiones tradicionales caribeñas y de oriundez africana.

Árbol. Es más que evidente la importancia del árbol como elemento sagrado en el vodú y de ello dan cuenta del concepto y uso del espacio sagrado trazado a su alrededor en la *enramada hounfort*, escenario principal de la mayoría de los ritos y ceremonias donde los miembros de las cofradías hacen en Cuba sus fiestas anuales. En la entrada *arbe reposuá* se pone en evidencia de que en el árbol residen muchos loa

Arrete (drogue, garde, point). Vocablo francés que pasó al imaginario de Haití, donde significa recurso mágico para situarnos lejos del mal, como para que no nos alcance.

Assiette de Guiné. Literalmente en francés asentamiento de Guinea. Una de las tantas referencias lingüísticas que revelan el y remiten al origen africano del vodú: *Guiné,* resulta un espacio o sitio mítico que quiere decir África. Por esa vía caminamos rumbo a la simplicidad: cada uno de los loa principales es dueño de una calabaza, en nuestro caso cubano es un güiro, que es pintada con su color emblemático y decolorada con sus símbolos y en cuyo interior son colocadas las ofrendas que habitualmente se le entregan cada cierto tiempo.

Asón o acon. Sonajero que carga el sacerdote voduista en las ceremonias y ritos, el que constituye el símbolo de su poder, consagración y dignidad. Con él se invocan al o a los loa y se apacigua a aquellos que se han posesionado de sus *caballos.* Coachy afirma que este sonajero sólo puede ser portado por el *houngán* o la *mambó* y el *hounguenikón.* En el caso de los primeros, es símbolo sagrado. Sin embargo, en el caso del *hounguenikón* no lo es, sino que se trata de un instrumento más pequeño que recibe el nombre de *acon meguí.* Algunos autores afirman que el *acon* es una calabaza adornada con vértebras de serpiente, pero en el caso de Cuba comprobé que consiste en un *güiro* con objetos percutientes dentro, que se emplea con la misma función religiosa y ritual antes mencionada.

Acon meguí. Sonajero que indica menor posicionamiento dentro de las esclas jerárquicas de los oficiantes del vodú y que generalmente la carga el hounguenikón. Ver *asón o acon*

Ana mambó. Ver *Ayisan.*

Assotó o Assotor Tambor de más de dos metros de altura, también denominado *maman*, o *mamamier,* es decir, mamá, por esa condición de receptáculo sagrado y su vinculación con la procreación o reproducción, centrada en la mujer. Por el sitio jerárquico que ocupa en el vodú, es posible que sea reflejo de la posición social que ocupaba u ocupa la mujer en África, en el interior de una comunidad étnica o pueblo y, por extensión, en sus territorios americanos, como es Haití. Suele ser vestido y adornado con los colores simbólicos de los espíritus que lo habitan, y suele convertirse en centro principal de algunas celebraciones litúrgicas importantes del sistema de pensamiento filosófico y cosmológico voduista. Como el *arbe reposuá* (vid), constituye una verdadera morada de los loa, por lo cual se le ofrecen a éstos ofrendas de todo tipo en su celebración. Estado

Ayisán Loa femenino muy interesante. Se le considera esposa de Papá Legbá y, en su condición de tal, y siendo la divinidad femenina más antigua, exige que se le sirva en primerísimo lugar la ofrenda en los *manger loa*. Su preeminencia la sitúa en un sitio de tanta altura que preside la ceremonia de iniciación en el vodú. Protectora de los mercados, su color simbólico es el blanco y su planta sagrada el *mediciner bení* o palmera. No obstante, la palma real es su árbol emblemático, y como dueña de la fuerza y la libertad, puede ahuyentar a los espíritus del mal. En Santo Domingo es conocida como *Ana Mambó*, según Deive, hay quien la considera guardiana del *hunfó* o *hounfort*.

Averketé o Afreketé Derivación del panteón del antiguo Dahomey donde Averketé era la deidad del trueno o del relámpago. *Dios*a que preside los fenómenos celestes en compañía de otros loa, según Deive.

Azacá Miedeh Loa de la familia de los loa *radá*.

B

Bade (badé) En Dahomey era divinidad del trueno. Junto a Avreketé, preside los fenómenos celestes. Según Deive, a ese grupo pertenecen también *Lokó*, *Lisa* y las divinidades femeninas *Sobo* y *Abe*, mientras que Coachy dice que se trata del dios del viento. Presumimos que es una entidad parecida a la dueña de la centella y del viento, la *Yanza* del Panteón de la religión lucumí, *Regla de Ocha* o *santería* afrocubana.

Badgi Sitio donde son colocados los *criches* o *govis* en el altar, según se documenta en el libro *The drum and the hoe*, de Harold Courlander. Es espacio donde en mi criterio se evidencia la huella aborigen en este sistema religioso, tan poco estudiada hasta el presente.

Badgican Ver Hounguenikon. Quien habita o dirige el cuarto sagrado voduista y la cofradía.

Baigneur de Mort. Literalmente, expresión que significa bañador de muertos. Hombre o mujer contratado por la familia de un difunto para que prepare al difunto y que siempre es un servidor de loa, además de poseer conocimientos variados relacionados con las ciencias ocultas. En la República de Angola hay un personaje parecido que se involucra en los rituales funerarios con el cuerpo presente del difunto.

Baile. Elemento de preservación de le memoria colectiva de los africanos esclavizados y de sus descendientes; elemento escénico de gran valor y función representativa de la presencia de los loa en Haití, República Dominicana y Cuba. Forma parte de un entramado litúrgico que involucra a los creyentes y a las divinidades que hacen presencia en los ceremonias voduistas mediante su incorporación en sus caballos. Ver la entrada *danza* étnica

Besé colié (Baiser coilier o descente des coiliers) Literalmente significa besar el collar o descenso de los collares y se trata de una acción que ejecuta el sacerdote voduista que dirige la ceremonia de *iniciación*. Consiste en que el oficiante principal le quita el collar al neófito sometido al proceso iniciático y lo coloca encima del *vevé* del *loa Mait tete*, con lo cual ratifica, según Coachy, el nuevo estado del iniciado, quien a partir de ese momento, se convierte en *hunsí kansó*.

Baká. Muchos autores califican al *baká* de entidad demoniaca, y en efecto, es un genio del mal o agente con poderes destructivos que lo convierten en instrumentos predilectos en manos de los brujos, a quienes se asocia a los creyentes y practicantes del vodú, sean éstos haitianos, dominicanos o cubanos.

Bandá Voz criolla haitiana que designa a la danza asociada a los loa guedé o gedé. Parecería que la cultura haitiana rompe el esquema freudiano clásico que contrapone el principio del placer con su opuesto y excluyente, de la muerte. En el vodú, en efecto, la muerte está invariablemente unida a la vida y ello se pone de manifiesto notoriamente en muchas de sus expresiones artísticas, entre las que sobresale la danza. No encontramos otro ejemplo más elocuente que este de la danza *bandá*, en la que se integran armónicamente los gestos del acto sexual y la expresión de la muerte, como describe Depestre, siguiendo un vivo y alegre movimiento de cintura y nalgas, mientras la parte superior del cuerpo conserva un movimiento cadavérico. La palabra Bandá se refiere, pues, al baile que introduce esa nota de vitalidad y erotismo inseparables y que se ejecuta en los funerales cuando se invocan esos espíritus tan fuertemente dibujados en la espiritualidad de Haití que responden al nombre de *Guedé*. Aquí se ponen de manifiesto los portes trascedentes de la espritualidad de los pueblos del Caribe que, a menudo, son vistos en escenarios sin que los críticos de arte profesionales coloquen una nota de reflexión filosófica al fondo subyacente de estas expresiones estéticas que nos gritan a la cara que la muerte convive con nosotros y que se conjura solamente con la voluntad creadora del ser humanos de trascenderla mediante la creación estética y la quietud de la vida cotidiana-Esta, al parecer, está apegada a la pena del instante; sujeta al objeto material que prolongue la existencia y, en realidad, nos dice que esa existencia se trasciende con la devoción callada a las creencias en las fuerzas de la Naturaleza y a las energías del cosmos que se concretan en un minúsculo espacio en que podemos prescindir de la Máquina infernal que construimos en eso que se llamaba civilización.

Baqued (Baquet).Voz con que los haitianos residentes en Cuba designan los palitos rústicos con que percuten los tambores de la batería de tambores empleada en las prácticas cotidianas o en las celebraciones periódicas del vodú.

Bahón Cimitiére. Expresión criolla transliterada del francés al castellano. Véase *Barón del cementerio*.

Barón del cementerio Loa petró presente en el vodú de Haití, República Dominicana y Cuba. Alude al soberano y dueño del cementerio, morada donde habita permanentemente. Se afirma que es el primer muerto que ingresa en el camposanto, y cuando se trata de una mujer, entonces quien impera en él es su esposa, la baronesa *Brigitte*. Preside la corte de los loa de la familia de los *guedé* y, según Deive, es jefe también de las 21 divisiones de *luases* dominicanos. No se le representa con rasgos humanos y tiene el negro como su color simbólico. En realidad, se hace acompañar de los loa *Baron Sandi, Samedi* o *Lacuá*. Se afirma que existen diferencias entre él y Sandí o Lacuá, quien no obstante es el encargado de enviarle los muertos. En Haití se conoce como *Baron*

Cimitiere, Simbí Cimitiére y *Maitre Cimitiére.*
En las comunidades haitiano-cubanas que hemos
estudiado, sólo en ocasiones he podido
presenciar estas entidades como las describen
algunos autores cuyos libros he leído y estudiado
para hacer las presentes comparaciones.

*Bahón Lacuá (*Baron Lacroix*)* Pertenece a la
constelación de los tres loa petro, que preside el
Baron Cimitiere. Es el encargado de conducir los
cadáveres hasta el cementerio. El símbolo
cristiano de la cruz es su signo emblemático y
Deive afirma que suele vérsele al lado de los
perros que aúllan frente a la casa de las personas
que están agonizando. Tanto en Santo Domingo
como en Cuba, se le conoce con el nombre de
Barón Lacuá.

Batista, Hilario. Incansable intelectual porque se
conociera la lengua creole haitiana en Cuba, a
quien se debe el emprendimiento de acciones tan
importantes como la fundación de un grupo de
estudios lingüísticos.

Baron Samedi (o Sandí) Aun cuando se le
homologa con el Barón del cementerio, existen
algunas diferencias entre ambos. Se le representa
con una cruz que, lo mismo que en Legbá, es el
símbolo de la vida. El padre de los *guede* encarna
la figura de un empresario de pompas fúnebres y
se le invoca con los calificativos de "trois peiles"

(tres palas) o "trois piquois" (tres picos), en evidente alusión a los instrumentos de trabajo empleados para cavar las fosas. Deive dice que su apariencia es la de un hombre robusto, a pesar de su barba canosa. Viste levita y camina con un bastón de caña en la mano y una botella de clarín [el ron haitiano] en la otra. Es una loa exigente, egoísta y receloso, pero su relación con el mundo de los muertos lo dota de excepcionales poderes aprovechados por los brujos para deshacerse de sus enemigos.

Bá o bas Tambor de la batería de los tambores radá. Voz empleada por los haitianos residentes en Cuba para designar un tambor que integra la batería radá.

Barrancas (comunidad haitiana de). Importante comunidad haitiana y cubano-haitiana ubicada en el macizo cañero cercano al central azucarero de Dos Ríos, municipio de Palma Soriano, por donde iniciamos nuestras investigaciones de campo acerca del impacto de la cultura franco-haitiana en Cuba. Basado en la data recolectada en ella, con el aporte Arsenio Martínez Pimienta, de su familia, de Teresa, del haitiano Marcos Telémaco, del *divinó* Ti-No y de muchos otros miembros de su comunidad, elaboré un enjundioso estudio sobre este asentamiento que publiqué en un volumen de las **Actas**

Latinomaericanas de Varsovia de la Universidad de Varsovia, dado que nuestra revista **Del Caribe** se negó a publicarlo.

*Barreal, Isaac ().*Pionero de los estudios de las religiones sincréticas del pueblo cubano, en cuya obra pedagógica nos inspiramos muchos investigadores de la Casa el Caribe para realizar nuestra labor científico- investigativa

Bautizo. Voz del castellano nativo con que, en Cuba, los cubano-haitianos pertenecientes a las cofradías voduistas designan la iniciación, sea la de una persona en la religión voduista o el bautizo de un instrumento musical.

Belié Belcán Tal vez este es uno de los loa que goza de mayor popularidad en el vodú dominicano. Es generalizada la opinión de que se trata de un ángel y que esta condición lo ubica en la división del aire, dentro del panteón voduista existente en esa porción hispanoparlante de la vecina isla caribeña. Existen también criterios controvertidos sobre su naturaleza: unos lo consideran una entidad amistosa, de apariencia señorial, pero que cuando monta en cólera se transforma en un ser terrible, mientras que otros lo ven como un ser amante de la sabiduría y de la diplomacia. En las representaciones más conocidas carga un machete y un puñal encima, y se le invoca para que ayude en los negocios y en los partos.

Bembé Voz cubana que alude a una celebración festiva con participación colectiva relacionada con determinada espiritualidad. Sinónimo de fiesta de santo, o manger loa

Berenguél Cala, Jorge (). Historiador y uno de los primeros investigadores que estudió el impacto de la presencia franco-haitiana en Santiago de Cuba, cuya obra citamos en la Bibliografía de nuestro presente **Diccionario enciclopédico mágico-religioso cubano.**

Bete Charge: Métraux lo identifica con una especie de intendente que se ocupa de los detalles materiales de la administración de un *hounfort u hounfó.*

Biché Voz criolla empleada por los haitianos y sus descendientes en Cuba para designar a una especie de cesta tejida con fibras vegetales con que se avientan diferentes granos, de manera especial el café. Este objeto es empleado, asimismo, para depositar las cartas y otros objetos de que se valen los oficiantes del *vodú* para realizar sus consultas religiosas o actos de adivinación cotidianos, o enmarcados en los ritos y ceremonias propias del vodú.

Blinginsú Ver Linglesú.

Bocó, bocor (Boccor o Bokor) Courlander considera al bocó como alguien que se relaciona con la magia más fuerte mientras que para Alfred Métraux af esta voz deriva de *bokonó*, que en la lengua fon significa sacerdote, pero tanto en Haití como en Cuba—aunque en nuestro país se emplea con poquísima frecuencia—se refiere a aquel oficiante voduista que practica la magia negra, o sea, que es especializada en hechicería. Parece que existe sinonimia con el *gangán*, aunque Depestre dice que es palabra que también se refiere a todo sacerdote o curandero del *vodú*, con lo cual no estamos de acuerdo. James G. Leyburg lo identifica con el hechicero y establece distinción con el *hungan*, oficiante encargado de dirigir un servicio exclusivo de los *loa petró*, mientras que el houngan lo asocia solo a los *loa radá*, y en ello podemos ver una oposición radical. Nosotros en nuestro glosario del vodú consignamos que en los asentamientos cubano-haitianos esta voz designa al oficiante que dirige una ceremonia.

Bondié o Bon Dieu Expresión típica haitiana con que se designa al Ser Supremo o a un Dios que, en la conciencia del pueblo haitiano, tiene características muy especiales. Lo siente como una entidad distante y apática, a la que hay que encomendarse con resignación para que se interese por los problemas humanos. Ella alberga, no obstante, una gota de esperanza: si Dieu veut (si algún día él quiere), que es otra alocución significativa, podrá disminuir el peso de las vicisitudes y las penas que lo agobian. Parece confirmar la premonición de que se trata de un dios Blanco (¿el dios Francés?), el mismo que es increpado por los esclavos conjurados en la célebre noche de agosto de 1791 en Bois Caiman para dar al traste con el dominio colonial europeo en la colonia francesa de Saint Domingue.

Bon-dié-bon o Bon Dieu Bon Expresión con que el campesino en Haití concluye el relato de una desgracia y que pone de manifiesto su inalterable optimismo. Sin embargo, Métraux la interpreta más bien como una prueba de un fatalismo frente al destino que lo aplasta, inevitablemente. Ver Bon Dieu y Dieu.

Bosque. Debe repararse en la preeminencia del uso de la vegetación en el sistema religioso voduista. Su ´presencia en la mayoría de los ritos y ceremonias delatan un culto al árbol y al bosque en su conjunto, la que se le atribuyen poderes que el mago, hechicero y brujo conoce, domina y emplea para bien o para mal, según sea el caso de servir a curar, beneficiar o defenderse de un mal que se le haya enviado o echado a alguna persona.

Bossale En su versión del castellano castizo, esta voz designaba al esclavo recién ingresado a la plantación que estaba, pues, sin evangelizar, y que no tenía el más mínimo conocimiento del idioma del amo europeo o criollo. Por extensión, es voz empleada en el vodú de Haití para referirse al *hounsi* en su más bajo nivel jerárquico. Es así que Courlander, en su libro mencionado **The drum and the hoe** señala que los bossale son aquellos hounsi cuyos loa son salvajes e indomeñables, por lo que el houngan no los puede dominar para que no les haga daño cuando se posesionan de su caballo. Por ello no pueden ser elegidos para su elevación al estatus de *kanzo*, o sea, aquel capaz de someter al fuego. Sinónimo bozal

Bosu trois cornes Literalmente, en francés significa Bosu de tres cuernos, que es un loa de la familia de los *petro*.

Boula (o Bula o bulá.) Es el más pequeño de los tres tambores de la batería del vodú radá. Se percute en Haití con los dos palitos, igual que en Cuba.

Bouliche Nagó Ha sido identificado por algunos

autores como un loa.

Bouteille-racines. Ver *butei gasín*.

Boytel Jambú, Fernando (Palmarito de Cauto, 1912-Santiago de Cuba, 1986.) Sabio santiaguero, el último de los enciclopedistas cubanos, a cuya labor se debe esta parte lexicográfica y etnológica de mi Diccionario enciclopédico mágico religioso cubano. Pionero de los estudios acerca de la presencia franco-haitiana en Cuba, a cuya labor cintífica incansable debe nuestra patria el catastro de las mal denominadas rukinas de los cafetales franceses, inlcudios por la UNESCO en su lista de Patrimonio de la Humanidad y, en no menor medida, de la Tumba Francesa.

Brigít o Madame Brigitte Métraux afirma que, de su unión con el Barón del cementerio, nacieron el general Jean-Baptieste-Trace (también: Trace-Jean-Simón), quien traza la portería de las tumbas; el general Fouille, que las siembra de hierbas; Ramasseur-de Croix (Enramador de la Cruz) y de una buena treintena de *guedé*. Es la dueña de los cementerios, especialmente de aquellos donde una mujer haya sido la primera persona en ser enterrada. También en Haití se le conoce por Grande-Brigitte, Maman o Mademoiselle Brigitte, y Deive dice que en Santo Domingo es llamada asimismo Madame

Brigitte. Es muy significativo que en el panteón lucumí de Cuba el oricha dueño del cementerio sea femenino: Oyá o Yanza es su nombre.

Bulé sén, sán o Boulé-Zin Referido al complejo ceremonial de iniciación en el vodú. Métraux define el *Boulé-zin* como una ceremonia que se desarrolla el sábado en la noche como cierre del período de reclusión de los iniciados y que precede inmediatamente la salida de los iniciados en una procesión suntuosa. Comienza, como lo marca la costumbre, por las invocaciones a Legbá para que abra los caminos, las libaciones de aguardiente o *tifei* frente a los tambores y al Poste Central o *potó mitán* (*poteu mitan*), y continúa con una serie prolongada de saludos rituales entre el sacerdote hounsi, la mambó y, en fin, entre las propias hounsi que, de igual a igual, se voltean simultáneamente. Después tiene lugar el desfile de los abanderados con el *Laplace* al frente, quien saluda a todos los presentes y muestra solemnemente sus estandartes que deberán ser besados por los miembros de la *societé* del hounfort. Y ocurren otros eventos en el desarrollo de la ceremonia. Coachy relaciona algunos acontecimientos que se efectúan en el Boule-zin: en la inauguración de un templo, durante el *servi loa* en honor a los dioses tutelares del santuario, cuando se despide el alma de un *servidor* de un loa y en el homenaje a un difunto, entre otros.

Butei-gasin. Voz criolla haitiana que designa la botella con el líquido ritual *pitit-fei* (ver.) usado en los ritos y ceremonias voduistas y que es mezcla de raíces, hojas, frutas con aguardiente de caña de azúcar. Pienso que deriva de la expresión francesa *bouteille-racines*, que pudiera traducirse como botella con raíces.

C

Caballo. Voz con que se designa en el vodú a la persona elegida por un loa para hacer acto de presencia en lo ritos y ceremonias del vodú. Hay algo más complejo y profundo que una simple referencia nominal a la persona que sirve de medio para el acto de posesión ritual de una divinidad; detrás creo ver una creencia en el poder excepcional que tuvo el caballo que los europeos usaron para conquistar y mantener sojuzgados los pueblos originarios y que ahora en manos de sus descendientes se convierten en signos de nuevos dominios—en este caso espirituales—y poderes en que se manifiestan fuerzas trascendentales. Ver *chual*

Cai Voz del creole haitiano que significa casa. En ocasiones se coloca después del nombre de un loa para significarnos que no se trata de un loa silvestre, sino de un loa de casa o domesticado.

Así, al Loa indómito por definición, Ogún, cuando se le quiere presentar con un rostro amigo se le denomina *Ogún-cai*, con lo cual adquiere ese sentido familiar y doméstico.

Cai-le-divinó Otra de las voces con que se designa al *hunfó*, o santuario voduista.

Cai-Lesén Literarmente, en cróele haitiano, casa de los santos. Otra expresión con la que se designa al *hunfó*.

Cai-misté (Caye-Mister) Literalmente en criollo haitiano significa hogar de los misterios o espíritus del vodú. Otra expresión con que se designa al cuarto sagrado de los voduistas o *hunfó* (ver). Alude al espacio sagrado donde consulta el sacerdote u oficiante voduista, generalmente situado en una habitación pequeña de escasa luz, donde se aprecia un altar rústico, donde las velas encendidas combaten las penumbras y en el suelo el contacto con la tierra es parte del proceso de comunicación con las energías que son invocadas para el acto de sanación o acomodo o solución de los problemas de las personas que acuden al sacerdote. Genralmente, en un ángulo del cai-misté se aprecian banderas.

Cai-Mysté Casa del o de los misterios, loa o espíritus del vodú. Designa la pieza en la que consulta el o la   sacerdotisa voduista. Ver Hounfort o Hunfo.

Calebasse Loa que tiene su *arbe reposuá* en la planta de la calabaza.

Calfú. Nombre de un loa.

Casal, Nicolás (Haití, 19…, La Caridad, Palma Soriano, 200..). Bocó y divinó nacido en Haití y fallecido en la Sierra Maestra, donde fue líder religioso de la comunidad haitiano-cubana de La Caridad, cerca del poblado rural del Ramón de Guaninao, cuya contribución al conocimiento del vodú ha sido consagrado por autores de la Casa del Caribe en libros, como El vodú en Cuba (1992) , en películas como Huellas (1983) y, recientemente, en la novela En el altar del fuego, de Joel James.

Campanita (ritual). Pequeña campanita de metal que forma parte del ajuar ritual del houngan y de la mambo en las ceremonias voduistas. Se la toca en determinadas ocasiones en cmbinación con el sonajero o asson (ver.)

Canarí. Garrafa de arcilla cocida donde se depositan los objetos que representan a los *mysté* o espíritus extraídos de la cabeza de las personas fallecidas. Ese recipiente se coloca en el fondo del altar.

Candeló o Candelo. Loa reportado por Deive en Santo Domingo, donde goza de gran popularidad. Su símbolo es el fuego, por lo que podríamos clasificarlo como perteneciente a la familia de los guedé, como lo hace el profesor Guerin Monclus al referirse a *Mesié Candelú*. Gusta del ron, el tabaco y el baile, así como suele enamorarse frecuentemente. Se le invoca para que intervenga en los negocios, para traer la buena suerte y proteger a los desvalidos. Su criollismo se refuerza por la elección de un tipo de juego: la pelea de gallos. Su color simbólico es el rojo.

Capitán Guedé o Zombí. Loa elegante y siniestro, familia de los guedé.

Caplaú Loa que porta este nombre en evidente referencia a una de las regiones de África donde fueron extraídos los esclavos introducidos en Haití.

Caplota James G. Leyburgn, en su monumental libro *El Pueblo haitiano* aporta un retrato elocuente de esta especie de sabe-lo-todo: en efecto, se trata de una persona difícil de ubicar, pues está entre el reputado *houngán* y el siniestro *bocó*. Trabaja con las dos manos en materia de magia: lo mismo sirve una encomienda maléfica, que otra que persiga el bien. Especie de mercenario, su mezquina reputación no permite confiarle empresas mágicas importantes porque puede tropezar uno por el camino con la traición.

Captén Zombí Coachy afirma que a este loa se le conoce también con el apodo de Barón Lacruá (Lacroix), y se sincretiza con San Francisco de Asís.

Castillo, Juan Bautista () A este insigne bailarín y coreógrafo debemos mucha información y, en particular, conocimientos relacionado con las tradiciones culturales poco conocidas, como bailes, toques y música donde se atesora la memoria de nuestro pueblo, entre las que debemos mencionar las del gagá, rescatadas mediante investigaciones de campo.

Casa del Caribe. Institución fundada el 23 de junio de 1982 en la ciudad de Santiago de Cuba para estudiar y promover la cultura de los pueblos del Caribe; la combinación de ambos programas, el de la promoción cultural y el de los estudios culturales, la ha convertido en un modelo para otras instituciones que fueron surgiendo en Cuba desde esa fecha y hasta el presente.

Cemiché El nombre de este *loa* deriva de la voz francesa "cimitier", es decir, cementerio, lugar donde él reside. En Cuba, entre *Cemiché* y *Senché* existen lazos de parentesco peculiares: el primero es padre del segundo, pero sólo en un sentido simbólico. Cemiché es el encargado de recibir a los muertos en el camposanto, mientras que Senché los apadrina, o sea, certifica que la persona ha fallecido realmente y le echa tierra encima. Después de esta confirmación aparece *Lacuá* y le pone la cruz. Pero Cemiché se distingue por la labor que realiza: efectúa consultas, da indicaciones espirituales y cura. Los informantes nuestros lo describen como una persona débil cuando se presenta, como si fuese un anciano pero no están seguros de si realmente esa debilidad es propia de su naturaleza o del *caballo* en que se posesiona y con el que lleva laborando largamente.

Centro de Investigación y Desarrollo de la Cultura Cubana Juan Marinello:

Cermoní Literalmente, ceremonia. Es voz del creole haitiano hablado en Cuba, frecuentemente empleada para designar la fiesta religiosa voduista con que se le rinde tributo u honor a los loa. Sinónimos: *manyé-luá, servi-luá* o *bembé*. Entre los cubano-haitianos bilingües cubano-.haitianos también es usada la expresión *comida de santo*.

Cerrmoní (orden de las). Nuestros informantes

cubano-haitianos de la Sierra Maestra nos proporcionaron el siguiente orden en que deben realizarse las ceremonias pautadas en un servicio o de las fiestas propias del vodú: 1. La ceremonia del *puni-é*, dedicada a los muertos; 2. El *manger lesans*, dedicada a los ángeles; 3.- la del *manger Masá* dedicada a los jimaguas y 4.- la "comida grande", ceremonia que se inicia con la comida a Legbá, luego a Calfú , a Ogún, a los Guedé y así al resto de los loa del panteón voduista a los que se le rinde culto en Cuba.

Ciclón.- Nombre de un loa descubierto en la década de los 80 por miembros de nuestro equipo de estudio de las religiones afro-caribeñas de la Casa del Caribe.

CIDCC Juan Marinello.

CIDMUC. Siglas del Centro de Investigación y Desarrollo de la Música Cubana, una de las instituciones de estudios más prestigiosas de la Isla, dirigida por el musicólogo Olavo Allen.

Clairmé o Clarmé. Loa *petró*.

Clairmezine Loa *petró*.

Cochón sans poil Literalmente, en francés, cerdo sin pelo o cerdo pelón. El escritor haitiano René Depestre dice que se trata de una secta secreta de brujos.

Coch pié Expresión dicha por los haitianos y sus descendientes cubano-haitianos para referirse a las piedras, de diversos tamaños y, generalmente pelonas o de río, que descansan encima del altar voduista. Según ellos, esas piedras representan a los *loas*.

Comida de santo. Expresión con que los miembros cubano-haitianos de las cofradías voduistas designan o se refieren en Cuba al manger-loa (ver.)

Conateur Literalmente significa en francés conocedor, pero que es empleda en el habla ritual del vodú para designar a un oficiante de esta religión. Según Deive, sinónimo de *houngán*.

Conflance Dignatario voduista calificado de brazo derecho del houngan y uno de los personajes importantes del *hounfó*. Interviene activamente en los ritos y ceremonias, particularmente animando la ceremonia iniciática conocida coomo la del *bulá sén* (*boula-zin*), la prueba del fuego.

Congo. Courlander considera que es un loa secundario.

Congó-Asocá. Para los miembros de las

comunidades cubano-haitinas de la Sierra que hemos estudiado, designa uno de los loa más antiguo y venerados venido a Africa a Haití. Se le asocia a Obbá-Lomí, dueña de la ceiba

Congó-famí. Literalmente congo de la familia, que es loa de la legión del Congo o Angola.

Congó-Wongol Loa de la familia de los loas *congó* (o *congó famí*), uno de los tres grupos o subclases de loa en que se divide el vodú. Loa del tronco etno-lingüístico bantú, literalmente, del Congo y Angola.

Congó Zandó o Zandor Uno de los integrantes de la familia de los loa *congó*.

Corbea Calado, Julio El Cobre, 195...) Historiador de El Cobre y miembro del Equipo de estudios de las religiones populares caribeñas cuando comenzamos el estudios de la presencia del vodú en Cuba, a cuya autoría se deben algunos trabajos iniciales.

Covi. Vasija empleada en la *wanga* y que se confecciona con la cáscara de la calabaza, en la que se depositan pedacitos de pan, bombón, cacahuetes, maíz, etcétera, todo mezclado con sustancias especiales.

Criches Ver Bagid

Crisis de posesión Viene de la expresión francesa "crisse de possesion" que designa la situación en que cae un adepto al ser "poseído" o encarnado, o cuando se materializa un loa en su cuerpo. Trance, posesión en el sentido ritual y religioso de la expresión.

Créole Palabra francesa para designar el *Kreyole*, lengua resultante del encuentro de las lenguas, variantes de lenguas y dialectos que hablaban los negros africanos esclavizados traídos al Caribe y dentro de éste a Haití, con la o las lenguas de los conquistadores europeos, encuentro que tuvo lugar en el contexto de las islas antillanas y caribeño en su conjunto, incluyendo Tierra Firme. Los negros nacidos en esta región caribeña adoptaron elementos significativos del léxico y de la fonética, así como los hábitos de articulación de unos y otras hablas, pero las circunstancias en que estos fenómenos tuvieron lugar diferenció sustancialmente dichos elementos, lo que permitió al etnólogo suizo Alfred Métraux afirmar del Kreyol haitiano que es al francés lo que la lengua *romance* de la Edad Media era al latín.

Criminél petró Loa petró. En Santo Domingo y en Cuba se conoce como *Criminel*.

Cruz Uno de los símbolos esotéricos más antiguos de la humanidad, que representa la luz de los espíritus o del espíritu puro. Osorio Cruz, en su libro *Esoterismo de umbando*, le atribuye el poder de ahuyentar el aura que emana de la persona. Este símbolo está presente en muchos de los ritos y ceremonias del vodú, al punto que uno de los loa principales, el Baron Lacroix o Lacuá, lleva su nombre, en evidente alusión al mundo de los muertos, pues el Barón Lacuá impera en los cementerios.

Cruzata, Miriam (Holguín,) Investigadora holguinera a quien se debe el conocimiento de la única Tumba francesa rural ubicada en El Bejucal, montañas de Sagua de Tánamo.

Cuché Viene de la palabra francesa "couche" que quiere decir acostado. Se refiere a la posición de acostado bocabajo que debe adoptar el iniciado en el segundo paso de la iniciación y que algunos autores interpretan como la muerte del novicio en el tránsito hacia su otra vida: aquella que lo conducirá a su vinculación orgánica con la comunidad de voduistas y, si está preparado para ello o se prepara, al sacerdocio.

Cumbite o combite Actividad laboral que los haitianos acostumbran a realizar en el campo en compañía de sus vecinos sin cobro de ninguna especie. Los campesinos cubanos la designan con el nombre de *junta* y en Venezuela *cayapa*. Trabajo que se realiza en colectivo, con la familia, vecinos y amigos.

Cuvé. Palabra supuestamente del criollo haitiana que designa la servilleta en que se depositan las ofrendas materiales a los loa en los ritos y ceremonias del vodú. Puede ser de las más finas servilletas, como las del gusto francés, hasta una simple hoja del platanero.

CH

Changó Ver Shangó.

Chef-cambuse Literalmente, jefe de almacén, en francés. Se le conoce también con el nombre de *hounguenikon* y es el hombre o la mujer que se encarga de cuidar la pieza de la casa donde se depositan las ofrendas. Ver *hounguenikon*.

Chretien-vivant En francés, literalmente, significa cristiano viviente. El escritor haitiano René Depestre le atribuye otro sentido: el de la persona no iniciada en el vodú. Creo que se trata de una metáfora que alude a la persona que está viva pero que, al no haber sido bautizada, está situada en un peldaño espiritual inferior a los que sí lo han sido en nombre de Cristo.

Chual Voz criolla haitiana, derivada del francés

"cheval" (caballo) y que designa a la persona que es montada o es poseída por un loa. Reminiscencia del origen militar de este sistema mágico-religioso, levantado como empalizada de contención del dominio imperial de Francia en sus colonias en el Caribe, especialmente en la colonia de Saint Domingue la que, al liberarse, dio paso a la República de Haití. Esa empalizada se convirtió en movimiento conspirativo pensamos que configurado por las células de los organizadores de la insurrección con el resto de los complotados y eso debió tener un carácter secreto para sorprender a los amos franceses. Ver *caballo*.

D

Dahomeyano. Personas, grupos de divinidades, comunidades o de cultos a los que se les atribuye un origen del antiguo Dahomey o del actual Benin. Entre los principales loa dahomeyanos están Legba, Damballah, Erxilie y loa loa de la familia de los Gédé o Guedé

Danza (étnica). Los historiadores e investigadores que han estudiado a Africa y a su presencia en el Caribe, no han reparado lo suficientemente en la importancia de la danza y los bailes como elementos importantes para preservar el vínculo con el mundo ancestral con que mantenían en su memoria a su madre Africa.

Estas danzas son parte sustancial del resto de los componentes de la cosmogonía espiritual y de las prácticas del vodú asociadas a ella.

Damballah, Dambalá, Damballa-wedó u Ouedó
Es un hecho que los esclavos traídos a Saint Domingue desde el africano asentamiento de Ouidah donde existió, y existe aun hoy, un templo de las serpientes, introdujeron el culto ofidiátrico en el proceso mismo de cristalización del vodú como religión del pueblo haitiano. Por ello, hacia las postrimerías del siglo XVIII, Moreu de Saint-Mery testimonia ritos y ceremonias en los que dicho culto a la serpiente tenía un peso relevante, significación decisiva que, presuntamente, se perdió en el siglo siguiente. Una de las huellas más poderosas quedó estampada en el loa-serpiente Damballah que ocupó y ocupa uno de los tres vértices principales de esa religión. Si bien hoy ha perdido parte de su preeminencia, en la mayoría de los santuarios voduistas, como señala Métraux, se destaca la vasija colocada en una esquina del *peji*, o encima del altar, consagrada a esta divinidad, una de las más populares de Haití. Lo más frecuente es que sea representada en compañía de su esposa Aida-Wedo mediante una pintura sobre las paredes del *hounfó* por dos serpientes que semejan sumergirse en la referida vasija, o también mediante un arcoíris. La

importancia de Damballah está dada porque es, como acertadamente apunta Leyburgn, quien trae las lluvias que garantizan las cosechas y que si se producen torrencialmente, provocan inundaciones. Se le identifica con San Patricio y, lo mismo que Erzulie, es un espíritu acuático. Tiene en el blanco su color simbólico y todos los animales que se le sacrifican deben poseer en su pelambre ese color. Por su origen dahomeyano, se le realizan sacrificios rituales como a un loa de la familia *radá*. No sólo se identifica con la serpiente, sino también con el huevo, en alusión a su condición de Dios de la fertilidad.

Danza. Casi forma parte de la idiosincrasia del pueblo haitiano vincularse a las costumbres y prácticas del vodú mediante su participación en las fiestas, en las que el baile colectivo y las danzas étnicas se manifiestan con mucha intensidad y expresividad. Un loa expresa claramente su pertenencia a un grupo específico mediante la gestualidad y los pasos y bailes con que se expresa el *caballo* que le sirve de medio para expresar sus mensajes a los concurrentes.

Decupé El más pequeño de los tambores de la batería de los tambores radá. Algunos autores dan por sinónimos a sugon, guedé, segundo.

Degradación. Ceremonia para remover un loa de

la cabeza de una persona fallecida

Derniére priére. Rezos finales dirigiros a un fallecido, a los nueve días del funeral.

Diablesse. Voz francesa que alude a demonio o fantasma femenino.

Diab montañe Nombre de un loa autóctono de Cuba. Literalmente, significa diablo de la montana y, en efecto, nuestros informantes afirman que vive en el centro del monte donde es invocado, a las doce en punto de la noche, cuando se realiza la ceremonia de alimentación o *manger loa* dedicada a él. Posee una gigantesca figura, del tamaño de una palma real, desde donde agita sus enormes brazos al moverse. Es imposible que se posesione de ningún *caballo* en una vivienda a causa de su faraónico cuerpo: la haría estallar si logra montarse. Cabalga su adepto sólo en el bosque y cuando se manifiesta no se le distinguen sus facciones, aunque sí una desproporcional cadena que lleva atada a su cintura. Se le inmola un verraco de color grisáceo y su comida se cocina entera y es depositada donde vive, incluyéndose en ella la variedad más común de las viandas.

Díaz, Arelys (Santiago de Cuba, 195.) Los investigadores profesionales son ladrones profesionales, lo evidencia que raras veces citan a sus pupilos y tesistas, por lo que consigno el nombre de esta alumna de la Universidad de Oriente, cuyo tema de culminación de estudios fue una investigación del léxico del habla de comunidades haitianas santiagueras.

Dié , Dieu o Bondié En francés, es voz que, literalmente, significa Dios. Me parece acertada la afirmación que da de esta palabra Afred Métraux, según la cual en el vodú se confunden con la de una fuerza impersonal y vaga, superior a la de un loa, que puede ser calificada de fatalidad o naturaleza. Ese Ser Supremo se entrega en tanto en la atención de las solicitudes de los hombres, por mediación de los *loa* o santos del vodú y se le representa como alguien situado a medio camino entre el cielo y la tierra. Los loa trasmiten los ruegos de los fieles a Dieu para que les conceda respuesta a sus pedidos, según su gusto. Pero sigo indagando en la cosmovisión del vodú donde existe algo más concreto que puede reducirse al *cai misté*, donde el diálogo con la Naturaleza y el cosmos se reduce al oficiante voduista, al espacio sagrado donde se desenvuelve y a las fuerzas cósmicas que se concentran en él para actuar a través de una piedra, un *bishé* y la imagen de San Expedito Patricio, enfocadas en el solicitante y sus asuntos mundanos a los que acude para solucionarlos. Esto ha sido muy bien tratado en la novela **En el altar del fuego**, del filósofo y estudioso del vodú Joel James Figarola, en la que el personaje principal es una serpiente. Ver Bon Dieu.

Divinó, Diviné Voz que viene del francés "devin", que literalmente significa adivino. Está referida al don de la clarividencia que otorga al houngan la cualidad de predecir los eventos o diagnosticar el estado físico o psíquico de una persona o de determinados espacios o situación. Ese don se obtiene en una ceremonia especial que se denomina "toma de vista", que es, según Métraux, el más alto grado de iniciación sacerdotal. En Cuba, esta voz se usa para designar al oficiante que, de pie frente al altar, descubre a primera vista las causas y la naturaleza de cualquier tipo de mal que aqueje a alguien, sea un quebranto físico o moral y esa persona u oficiante es capaz de indicar los medios para eliminarlo. En el arte o la ciencia del divinó o la diviné, según se trate de un hombre o de una mujer, se considera gracia concedida por Dios.

D jevo Recinto o cámara de reclusión donde tiene lugar la ceremonia de iniciación. Carlos Esteban Deive proporciona una interpretación de ese local en que tienen lugar ritos, de carácter estrictamente secreto, que son válidos para otros locales con idénticos fines de otras religiones de corte tradicional. Transcribo: "representa una especie de tumba, e incluso una muerte simbólica que lleva la vida pasada del iniciado y le permite, mediante la resurrección, acceder a otra más notable y pura".

Docteur Feuilles En francés, literalmente expresión que designa al médico que se basa en el conocimiento de la vegetación, las hojas, las plantas y determinadas partes de los árboles y de sus principios activos y terapéuticos en general. En el sacerdote voduista suelen concentrarse las funciones religiosas con técnicas, conocimientos y poderes de sanación. Pero su relación con el bosque, su vegetación y la Naturaleza en general va más allá de una relación pragmática de conocimientos aplicados a determinados fines.

Dosú Derivado del vocablo dahomeyano antiguo homónimo que designaba al niño nacido después de unos mellizos y que, según hemos observado, se ha conservado en Cuba.

Drogue Especie de amuleto que se carga para proteger contra las heridas de armas y balas. A Henri Christophe se le atribuye uno de estos talismanes que le hacía inmune contra las balas, menos las de plata. El célebre caudillo llevaba una de plata, precisamente para suicidarse en caso extremo, hecho que sucedió. Cuando alguien que portaba una *drogue* resultaba herido, se le achacaba la causa a una magia más fuerte o contraatacante interpuesta por algún enemigo.

E

Ecuey Ibó Expresión que viene del francés "ecuelle des ibo" (escudilla de los Ibó) y que designa al recipiente ritual donde se sirven las comidas a los *loa* de la familia *ibó*. Se trata de un plato aplanado en cuyos bordes se percute con unos palitos para llamar la atención de esta clase de estos vodún o espíritus.

Engagement. Voz que designa al pacto mediante el cual una persona se hace dependiente de un espíritu maligno.

Enramada. Es voz común entre los cubano-haitianos que designa el espacio techado con ramas y soportados por postes de madera que, en algunos casos, se sitúa próximo al *cai misté* o cuarto sagrado donde moran o están las divinidades. El suelo de ese espacio debajo de la techumbre es la tierra y es donde se realizan muchos de los ritos y ceremonias del vodú de los festivales o celebraciones anuales, por tanto creo que se trata de un espacio sagrado. Ver *peristyle*.

Ercilí o Erzilí-Fredá-Dahomé o Dahomey Según Deive, es el loa más popular del panteón voduista. Ver Erzilí.

Ercilí, Ezili, Erzili o Erzulie. Espíritu de origen dahomeyano que en el panteón voduista resulta la más atractiva de las divinidades femeninas. Su condición de loa acuático la inscribe en la clase de *loa radá*, con la particularidad de que rechaza los sacrificios cruentos y gusta sólo de las bebidas dulces (por lo que nunca se la puede ver ebria). A propósito, el blanco es su color simbólico, que obligatoriamente debe llevar en su vestuario con adornos rosados y todas sus ofrendas. Se ha convertido, sin embargo, en la representación emblemática de una Afrodita tropical: Señora del erotismo, elegante, coqueta y sensual, exhibe provocativamente sus máximos atributos: los del encanto femenino. De ahí que se le represente cargada de prendas y riquezas. Pero aquella también común imagen del corazón atravesado por una flecha puede remitir a otra cara suya: a la de Erzulie Ge Rouge, la de los ojos rojos, de pasiones incontrolables y que puede llegar a la crueldad. Esta última se equipara con Nuestra Señora del Perpetuo Socorro, y junto con Marinette Broseche, según Coachy, constituye una de las figuras más duras del panteón voduista. En este último caso, estamos hablando de un loa perteneciente a los *petró*, turbulenta antes que cordial y no tiembla, según el prestigioso investigador Leyburg.

Esté, Gabriel (). Un humilde haitiano descendiente que dedicó parte de su vida a dar a conocer en la ciudad de Santiago de Cuba el legado haitiano a través de su música y de sus tambores. Vivió y murió cerca del puerto de la Ciudad Héroe, donde tuvo su cabildo, desde donde mantenía viva esa pequeña llama de irradiación.

Erzilie. Vocablo de origen dahomeyano que en Haití designa a una deidad que reina en el panteón del vodú como una Reina.

Expedito, San. Ver San Expedito

Ezili Cié Rú o Erzulie Ge Rouge. Ver Ezilí.

Ewe-fon. Expresión etnónimo para referirse a determinada lengua o complejo lingüístico y cultural del antiguo Reino del Dahomey que intervino en las formaciones lingüísticas que se forjaron en el Caribe y, en el caso que nos ocupa, en Haití..

Ewe Voz usada en la santería cubana para referirse al monte.

Expedition Es voz francesa que significa acción de enviar y se refiere a la operación de magia negra, hecha bajo los auspicios de los loa que dominan el cementerio, consistente en despertar uno o más muertos con el fin de causar un daño o destruir a otra persona. El sentido pragmático y la velocidad con que se realiza remite al culto a los muertos de sello *kongo*, indefectiblemente. Ver L envois morts.

F

Famí petró Una de las tres clases empleadas para clasificar la naturaleza de los loa del panteón voduista (las restantes son la *radá* y la de los loa *congo)*. Los loa petró se caracterizan por su extrema fuerza y violencia, además de por la proclividad al fuego, a la destrucción y al mal.

Feribunda Loa reportado por Deive como perteneciente al panteón del vodú dominicano. Él le atribuye el rol de guardián de los alrededores de los cementerios, vive siempre entre las llamas y los carbones encendidos. Su símbolo es el fuego y sus colores el rojo, el amarillo y el verde. Por esas características parece pertenecer a la familia de los *guedé*.

Fiesta (la). Expresión con que los miembros de las cofradías voduistas se refieren a las ceremonias o ritos dedicados a los loa o espíritus de este sistema mágico-religioso.

Filomena Loa perteneciente al panteón voduista de Santo Domingo. Por las características que de él describe Patin, parece compartir con la Metre Sili el gusto por las delicadezas, pues ama los jardines y los perfumes finos, y cual doncella linda viste con telas vaporosas adornadas con rosas en guirnaldas. Deive afirma que en Haití este *mysté* misterio se le llama Philomene.

Fon Grupo étnico del antiguo reino de Dahomey, del que fueron llevados a Haití muchos hombres en condición de esclavos. Por extensión, esa voz designa a la lengua hablada de sus miembros, y precisamente de la familia lingüística de los grupos de origen fon existen numerosas palabras y expresiones, frecuentemente deformadas, incorporadas al *vodú*.

Foulah Acción ritual que ejecuta un oficiante en una ceremonia y que consiste en rociar, con las mejillas inflamadas y los labios entreabiertos, a otra persona con *kimanga*.

Fuego. El fuego es elemento importante en la concepción y prácticas del vodú, tanto en los ritos como en su proyección del imaginario creador colectivo del haitiano y de sus descendientes en varios países del Caribe, como Dominicana y Cuba.

Fuet caché. Coachy afirma que esta expresión

designa al látigo embrujado con que se azota al *Zombi* para castigarlo.

G

Gagá Voz que probablemente derive del etnónimo radá. Complejo mágico-religioso que incluye un conjunto de saberes, artes como bailes, música, gastronomía y una variedad notable de prácticas culturales que los haitianos realizan en el período de la Semana Santa o la cuaresma en Haití, en República Dominicana, Cuba y en los países adonde han emigrado los haitianos. Estas celebraciones festivas también las realizan los haitianos y sus descendientes asentados en el extremo oriental de Cuba, donde los primeros se asentaron desde la época colonial y, sobre todo, en las tres primeras tres décadas del siglo XX. Aquí se la conoce como la Semana Santa haitiano-cubana en razón no sólo de la mezcla étnica, sino también cultural, y que ha tenido lugar en ese período de celebraciones religiosas relacionadas con Cristo y el cristianismo.

Gangán Opino que es una voz de origen bantú. Métraux afirma que este término, cuando se le usa como sinónimo de *houngán*, adquiere un matiz peyorativo, o por el contrario, respetuoso, según la región de Haití de que se trate. En Cuba muy raramente se le escucha y hemos percibido temor en la gente que lo ha pronunciado. Ver houngán.

García Grassa, Rafael "Papito"

Garde Término francés que significa guardia y que en Haití se ha re-semantizado desde el punto de vista mágico-religioso. En efecto, designa a un amuleto que protege a quien lo carga contra cualquier daño. Leyburgn afirma que es un pariente cercano del amuleto de la buena suerte, y acude a la historia para referirnos que el *garde* más interesante fue aquel llamado *drogue*, que aísla contra las heridas de armas y balas. En Angola algunas personas nos refirieron que, durante el periodo de lucha contra los colonialistas portugueses, muchos combatientes de ese país africano portaban en sus cuerpos ciertos talismanes para evitar ser alcanzados por los disparos del enemigo en una batalla.

*Gédé (*Guedé*).* Designa al loa de la muerte en el vodú haitiano y es vocablo derivado de una divinidad dahomeyana.

General. Hay quien afirma en Cuba designa un nivel jerárquico superior en el sistema de oficiantes voduistas, por encima del houngan y de la mambo e , incluso, nos testimoniaron que en territorios de la Sierra Maestra hubo un houngan que tenía autoridad en las antiguas provincias de Oriente y Camagüey.

General Brisé o Yeneral Métraux menciona a Brisé como un loa y afirma que el General Brisé vive en el abrojo o la zarza.

General Fouille Ver Brigitte.

Gonzáles Bueno, Gladys María "La India"(). Investigadora de la cultura popular del pueblo santiaguero, particularmente de su carnaval, a quien se debe el haber nos focalixado en el estudio de la Conga El cocoyé, del barrio Los Hoyos e importantes hallazgos relacionados con la Tumba Francesa.

Govi. Ver badgri, govi y guamo.

General Jean-Baptiste-Trace, o Trace-Jean-Baptieste Ver Brigitte.

Gran Buá o Grand Bois. Coinciden Métraux y Courlander en vincular a Gran Buá con la hechicería con funciones o fines terapéuticos, con lo que creo que aproximamos el vodú a la terapéutica conga. El primero de esos especialistas reporta una fascinante ceremonia que tiene lugar cada año en el marco de la fiesta de Noel o fiesta de la natividad de Cristo (25 de diciembre), y en la que intervienen, fundamentalmente, los *loa petró*, capitaneados por Gran Buá. Se trata de un conjunto de ritos entre los más relevantes, aquellos relacionados con la purificación mediante el fuego dirigidos a acarrear raíces, cortezas y hojas hasta convertirlas en los polvos que los Houngan emplean en el transcurso de todo el año para realizar sus trabajos mágicos. Esos polvos podrán ser usados con esa finalidad mágico-religiosa o, por el contrario, para buscar la cura física de una persona o su bienestar espiritual. En Cuba se considera a este loa como el dueño del bosque, y respetando su jerarquía se le pide permiso para realizar en este cualquier acto. Con Togó y Criminel integra una clase de loa a la que debe dársele su *manger loa* en el centro de Guinea, o sea, en lo profundo del bosque. Parecido como en Haití se le caracteriza, en Cuba también se manifiesta como un ser hosco, arisco y de extrema fiereza. Es malo siete veces, según afirman los informantes, y muchos aquí lo catalogan en la familia de los loa calificados de *diablos*. Cuando se posesiona de su caballo, inmediatamente se pone en contacto con la vegetación: agarra los gajos de los árboles y se cuelga de ellos con gran destreza. El verraco se le entrega como ofrenda ritual y después de su sacrificio se le entierra en un hueco al pie del árbol donde habita.

Grande Maitre Textualmente   esta expresión

francesa se traduciría como Gran Maestro o Dueño. Designa a Dios como ser Supremo situado por encima de todo lo creado por Él, incluidos el hombre y los espíritus. Su lugar y función dentro del vodú definen a este sistema religioso como monoteísta.

Grande Maitresse Batalla Nombre de un loa reportado por Métraux en Haití.

Gran-Mel Vasija muy grande, de madera, llena de agua, que se emplea en la magia hechicérica para hacer un trabajo dirigido a matar a una persona.

Gros-bon-ange. Según Harold Courlander, "en la creencia folklórica haitiana, es una de las dos "almas" que posee un ser humano y es similar al alma en el sentido cristiano" del término. Expresión del creole haitiano usada para designar a una de las dos almas que posee la persona. Antes de instalarse en la cabeza de su caballo, el loa expulsa de ella a su Bon Ange como paso indispensable para hacerlo. Los hechiceros *voduistas* cazan diversos Bon ange para luego emplearlos en sus trabajos de encantamientos. Algunos afirman que el bon ange desempeña el rol de "ángel guardián", pero con certeza de ella depende la actividad intelectual y la vida afectiva. Según Enmanuel Paul, el Gros Bon Ange está en la misma relación con el Peti Bon

Ange que los santos en relación con los loa.

Guanche, Jesús (). En su sistemática labor científica debe Cuba el acercamiento más abarcador de su cultura nacional, incluida la presencia franco-haitiana y ha sido uno de los pocos estudiosos de La Habana honestos con nosotros, al reconocer *por escrito* el valor de los estudios realizados por la Casa del Caribe.

Guarura. Ver *lambí*. Caracol que es tocado como instrumento musical durante determinadas ceremonias y que es tradición amerindia incorporada por los haitianos en sus prácticas culturales. Llama al combate, como en los enfrentamientos de los *bandé rará* que tienen lugar entre las *societé* secretas de corte militar del *gagá*, celebración que se realiza en la Semana Santa haitiana.

Guedé. Los *guedé* conforman la familia de loa más extraña de las diversas familias que existen en el *vodú*. La ambigüedad de su naturaleza los sitúa en una situación subalterna en relación con los restantes loa y es la causante de que se les catalogue de genios de la muerte. Pero no puede confundírseles por ello con las almas de los fallecidos o aparecidos. En efecto, como apunta Métraux, no son muertos, sino espíritus de naturaleza igual a la de los otros y cuyas actividades y funciones son del dominio de la muerte. Se les teme por su excepcional poder, y es por ello que también se les evita cuando se presentan en una ceremonia. Las personas que son poseídas por ellos, visten de negro y usan un sombrero de copa, frac y chaqueta, en evidente alusión a la popular imagen del empresario de pompas fúnebres. Asimismo, emplean un lenguaje en el que se deforman las palabras y se nasalizan las expresiones. Entre las representaciones más características de esa familia, están Barón Samedí, Barón Lacroix, Barón Cimitiere, Guedé Nibó y Madame Brigitte. No se sabe a ciencia cierta si los tres barones son distintos o simplemente que sean caras de una sola divinidad. Deive dice que a estos se les representa en los santuarios campesinos por tres cruces levantadas. El falo, las danzas obscenas y sus cantos y expresiones lascivas, hacen que asociemos a los guedé con los espíritus de la sensualidad y de la procreación.

Guedé-Bí Hijo de Guedé Nibó. El autor Marcelin le atribuye un carácter fálico a este loa y otros autores lo consideran el dueño de la procreación. La confusión en torno a él lleva a identificarlos con los atributos propios del jefe de la familia de los *guedé*. Por su naturaleza *petró*, sus adeptos lo tratan con el mayor respeto, por el temor que le tienen. Su función principal es la de vigilar las tumbas y es él a quien acuden los hechiceros que desean hacerse servir de un *muerto* en sus ritos de encantamiento. Hemos registrado el siguiente canto en nuestras investigaciones de campo:

Guedé Nibó bel gazón (bis)

Habí tut nuá

Pual monté son palais.

Guedé oussou.   Loa Guedé que pasa por criminal.

Guiné.- Voz derivada del sustantivo homónimo con que se designa al país africano Guinea, pero que en el imaginario del africano esclavizado de Haití se transforma en una patria mítica, lejana pero a un tiempo debajo de sus pies, de donde recibe las vibraciones y las energías de sus ancestros y antepasados que moran en ese espacio de alto simbolismo espiritual. De ahí que esa Guiné se ubique en un las aguas de un mundo habitado por divinidades que forman parte del panteón voduista. Es voz criolla haitiana muy empleada en los cantos del vodú haitiano para referirse a un país o nación mítica que vive en el inconsciente colectivo de estos inmigrantes forzados haitianos y se refiere al África ancestral, donde habitan los dioses, las entidades espirituales de mayor simbolismo y míticas que sostienen la identidad del africano en el Nuevo Mundo, incluido al pueblo de Haití.

H

Haguaití. Según algunos lingüistas, esta voz amerindia significa tierra de montañas en las lenguas de los pueblos originarios que habitaron la antigua isla que los españoles bautizaron como La Española y cuyo extremo oriental fue convertida en la colonia francesa Saint Domingue. Haití es famoso en el mundo por haber desencadenado la única insurrección anti-esclavista triunfante en la historia de la Humanidad y ésta se inició con una ceremonia voduista en una noche tormentosa en Bois Caimán, cercana a una plantación cuyos dueños franceses nunca imaginarían que al día siguiente sus cabezas volarían bajo el impacto del machete redentor. El primero de enero de 1804 se denominó República de Haití. Por eso pienso que el vodú surgió de sociedades secretas con lenguajes esotéricos o encriptados que el conquistador y amo europeo nunca fue capaz de descifrar ni tener en cuenta que detonarían dando al traste con el sistema esclavista con fines capitalistas que ellos habían impuesto en sus colonias en el Caribe. El impacto del ejemplo de este valeroso y creativo pueblo fue tan demoledor que el Emperador Napoleón Bonaparte envió sus mejores tropas a aplastarlo y terminó con su derrota.

Hounfó o Hunfort Santuario o templo del vodú. Local destinado a colocar los fundamentos u objetos sagrados que identifican al o los loa de un oficiante o más de esta religión voduista. Con razón dice Métraux que no existen diferencias entre este recinto y la casa donde habitan los hombres y que no es un templo en el sentido habitual del término, sino más bien un centro religioso comparable, por su apariencia, con el cuarto que agrupaba antiguamente a los miembros de la gran familia. En Cuba generalmente el Hounfó no es habitado por nadie y consiste en una construcción adjunta a la casa de vivienda del sacerdote voduista, o separada de esta, donde invariablemente encontramos uno o más altares con los diferentes objetos del culto, y debajo de los cuales pueden observarse ofrendas destinadas a los loa. Sinónimos: cai mysté, Kay misté, cai-le-divinó, cai-lessén.

Houngán o Hungán Dignatario principal de la religión voduista y dueño de los conocimientos y de las técnicas relacionados con ella. Jefe de una cofradía y que, por extensión, goza de gran prestigio en el seno de su comunidad, valor que refuerza al ser quien propicia el vínculo, y a menudo la unión, entre los hombres y los *loa*. Generalmente mantiene una comunicación fluida con la mam*bó,* junto con quien constituye el eslabón más importante de la estructura jerárquica de ese sistema religioso.

Hounguenikón u hunguenikón. Dignatario voduista que puede ser hombre o mujer y que sustituye al houngan cuando éste cae montado por un loa. Su rol principal consiste en auxiliarlo a él o a la *mambó* y en dirigir el coro durante las ceremonias. Según Courlander, a este oficiante se le denomina también *badjicans* (Ver.).

Hounsi u hunsí. René Depestre dice que este término tiene un origen africano y deriva de *vodounsi* y significa mujer u hombre iniciado en esta religión voduista, de origen dahomeyano. Ejecuta funciones y actividades diversas, entre las que se destacan el auxilio que le prestan al *houngán* o a la *mambó* en las ceremonias, además de contribuir al orden y a la limpieza del santuario y de confeccionar las ofrendas destinadas a los loa. Intervienen en algunos ritos llevando las banderas y aportando sus voces al coro que en ocasiones acompaña al houngan en sus consultas en el *cai misté* o en los ritos y ceremonias que lo requieren.

Hounsi cuisiniere Courlander dice que es la iniciada encargada de cocinar los animales y demás alimentos otorgados como ofrendas en las ceremonias con que se honra a los *loa*.

I

Ibó. Nombre tomado de un grupo étnico africano y que se le aplica a un grupo de loa suficientemente importantes para poseer su ritual propio; sin embargo, para Courlander es un loa secundario. En Haití se les sacrifican puercos pintados. En Cuba los voduista caracterizan a Ibó como un loa hosco, al que se le sacrifica una pareja de aves — un gallo y una gallina colorados —, y que es identificado con el Shangó, u *oricha* del panteón *lucumí*, vox con los cubanos designamos las tradiciones espirituales que nos vinieron de la antigua Nigeria Además, nuestros informantes hablan de tres tipos de Ibó: Ibó-cai, que es doméstico: Ibó-buá, que es del monte, y un Ibó-la-famí. A este último lo catalogan de *diablo*. En su ceremonia, que se realiza cada 25 años, se le sacrifican animales de cuatro patas un verraco, aunque tambíen puede ser un chivo grande y viejo, y de plumas, todos de color negro. Esas ofrendas se depositan en un hueco que se cava al pie del árbol donde vive.

J

James Figarola, Aníbal Joel. Sabio cubano nacido el 23 de enero de 1942 en la ciudad habanera de Guanabacoa y fallecido, prematuramente, en la ciudad de Santiago de Cuba el 27 de junio del 2006. Los rasgos del carácter cuentan en la labor científica y de organización de la cultura, más cuando se vive en un contexto de cambios bruscos y estructurales como la Cuba los ha vivido a partir del 1 de enero de 1959 hasta el presente, que es justamente el que le tocó vivir a nuestro Maestro Joel James. La valentía a toda prueba en el quehacer cotidiano y en el enfrentamiento de las contradicciones propias de un proceso de cambios es el rasgo más sobresaliente, que se expresa también en s obra como creador de literatura de creación artística, como ensayista y narrador, así como en aquella de investigación histórica, etnológica y de la sociología de la cultura, que son las esferas en la que se destacó Joel y en la que obtuvo notables reconocimientos como premios nacionales en cuento, ensayo y producción científica enfocada al estudio de la cultura tradicional del pueblo cubano. Fue el creador de la Casa del caribe, centro de irradiación cultural y de investigación científica, la 'nica de s estilo fuera de la Metrópolis de la Habana y por s original proyección hacia los pueblos de una región pobremente estudiada por los especialistas cubanos hasta año de 1982 en que fue legalizada esa institución que perdurará en la Historia de la Isla por la audacia de sus planteamientos programáticos y soluciones a los conflictos de la Cuba signada por crisis periódicas y permanentes, como las de los valores de la ética revolucionaria que Joel trata en intervenciones públicas y en no de sus ensayos más memorables. En esta empresa de comercialización que es Amazon acabo de publicar textos independientes qe ya están en venta como libros electrónicos en que expongo los fundamentos y evidencias de por qué la historia de Cuba hay que medirla a partir de la aparición de la Casa del Caribe el 23 de junio del año 1982 y de la obra de este genial y excepcional hombre de acción que fue Joel James, para mí, en el orden personal, mi Padre Bartolomé de las Casas.

Jean Zombi. Nombre de un loa *petró.*

K

Kanzó. Voz que designa el complejo de ritos y ceremonias relativas a la iniciación de una persona en el *vodú.* Hay autores que la definen con la expresión *tomar el acón* (asón), que literalmente podría significar tomar el bastón de mando representado por la maraca ceremonial, pero más bien esto se refiere al proceso de ascenso en la escala sacerdotal, el cual implica tres grados distintos. Courlander habla de dos clases de *hounsí:* las que han pasado por la prueba ritual del fuego, también menciona el aceite hirviente y de la *hounsí kanzó*, que sería el nivel más elevado de iniciación.

Kay-Misté Literalmente en creole haitiano, casa de los misterios o de los loa. Ver hounfó.

Kevioso. Este vocablo actual se refiere a las divinidades del trueno y pienso que del contenido y forma de esta voz deriva ésta de la entrada , la que para Courlander se trata de una "familia" de loa del trueno con culto y altares en las "casas" dahomeyanas de San Luis, en   Brasil. Ver *Xevioso*.

Kimanga Líquido ritual preparado a base de ron o aguardiente y diversas especias, con que se realizan las aspersiones en las ceremonias del vodú donde intervienen los *loa petró*.

Kreyole. Lengua y conjunto de lenguas surgidas en los territorios isleños y de Tierra Firme colonizados por potencias imperiales de la Europa Occidental a partir del contacto y la inter-relación de las lenguas de los amos con las lenguas y dialectos de los siervos, fundamentalmente éstos traídos desde Africa, aunque también desde China, la India, etc. Esta voz se refiere, por antonomasia, a la lengua criolla creada en la colonia francesa de Saint Domingue, que luego de independizarse se denominó República de Haití.

Kulé o Kulég. Voz que alude a la culebra. Este loa—registrado por nosotros y colocado en una de nuestros catálogos de *loas* o muestras de los integrantes del panteón del vodú en Cuba—desempeñó un papel primordial en la cosmogonía original que dio pie a la aparición de un sistema mágico-religioso en el antiguo reino del Dahomey, que se preservó en el tiempo y llegó al Caribe, donde ha sido entidad espiritual principal en Haití y también en Cuba. Existen testimonios de realizaciones de ceremonias de vodú en el Santiago de Cuba de la época colonial y en algunos de esos testimonios se ha dejado claro la presencia en esas ceremonias domésticas de la serpiente. Su uso se ha mantenido en las prácticas del vodú que hemos presenciado en nuestros estudios en nuestra patria chica Santiago de Cuba y de este asunto hemos escrito publicado diversos textos, algunos de los cuales integraron en nuestro libro **El vodú en Cuba** y puede ser seguido en la novela **En el altar del fuego**, del creador histórico y literario Aníbal Joel James. La serpiente ocupa un sitio preminente en varios mitos, como el de *Mawu-Lisa* y *Dambalá Wedó* (ver

L

Lambí. Voz criolla haitiana que designa a un caracol

usado como instrumento musical en actividades artísticas, culturales y religiosas asociadas al gagá y en algunos casos al vodú.

Lamp nuá (lamp noire). En francés esta expresión significa literalmente lámpara negra. Designa un objeto que es calificado de invisible y de menor uso que el *wanga*, pero considerado mortífero. Dice Coachy que, para cobrar una ofensa, montan en nombre de *Santa Radogon* de una lámpara negra que se envía en pos del ofensor, a quien alcanza dondequiera que esté. Pienso que en el imaginario colectivo del pueblo haitiano se ha alojado o se refleja patrones y estereotipos sociales y culturales elaborados desde potencias coloniales de Europa y de América del Norte.

Lampe eternelle. Literalmente, esta expresión francesa se traduce al castellano como lámpara eterna. Objeto ritual consistente en una mezcla que flota sobre la superficie de aceite colocada encima de una lámpara en una cuba metálica. En Cuba, se trata de un recipiente cualquiera en cuyo interior se deposita aceite vegetal, con una mecha que se prende en determinado momento de las celebraciones litúrgicas y que no se apaga nunca.

Laplace. Voz del criollo haitiano que designa al dignatario del *vudú* que desempeña el papel de maestro de ceremonia: es el encargado de abrir las procesiones y, mediante acciones que se ejecutan, como bailar el machete, procede a saludar a los espíritus que se van presentando en la ceremonia.

Lambí. Voz que designa a un caracol marino usado en algunos ritos del *vodú*, sobre todo en las agrupaciones conocidas por *bande rará*, especie de comparsas del carnaval haitiano que se realizan en la Semana Santa y que son celebraciones religiosas conocidas en Cuba por *gagá*. Pienso que esta tradición cultural de origen haitiano ha sido muy mal estudiado por parte de los investigadores nacionales y extranjeros, al tomarla como un complejo de expresiones ajenas al sistema mágico-religioso del vodú, cuando se trata de un simple telón de una celebración aparentemente pagana, detrás de la cual se oculta la existencia de sociedades secretas preparadas para llevar a cabo una insurrección anticolonialista, tanto durante la ocupación de Francia de la antigua colonia de Saint Domingue como en la actualidad.

La sirene Loa femenino que integra el grupo de los espíritus acuáticos del vodú. Deive dice que es una divinidad adquirida en préstamo de la mitología europea, pero los haitianos poseídos por ella adoptan las actitudes de una mujer joven y coqueta que habla francés refinado. Patin afirma que es la compañera de Damballah. Algunos autores afirman que forma parte de la constelación de loa conocida como Loa Blanche.

Lavé téte. Literalmente en francés significa "lavar la cabeza". Ceremonia destinada a bautizar un loa bozal o salvaje, y también se refiere al proceso iniciático propio el vodú. Comienza con la preparación de un emplasto confeccionado a base de pan mojado en vino, denominado *accassan*, maíz tostado y otros alimentos que, en forma de envoltorio se colocan con un pañuelo en la cabeza del iniciado. Este emplasto no puede ser retirado si no al día siguiente del comienzo del proceso iniciático y debe ser cuidado días antes de proceder a lavarle la cabeza. Todo esto transcurre en el período de reclusión del candidato a entrar en la *societé* voduista. Dice Coachy que este rito permite al sacerdote formar parte de lo que se denomina *pot tete* o *pot kanzó*.

Legbá. Divinidad de origen dahomeyano trasladada a Haití, entre cuyos creyentes o practicantes del vodú, la preeminencia de este loa obliga a saludarlo antes que a ningún otro loa u otra entidad espiritual, hasta el punto de que ningún miembro del panteón voduista se atreve a hacer acto de presencia sin su autorización. Es el dueño de los caminos y de las puertas, y a menudo lo consideran como quien detenta la llave del mundo espiritual, por lo que es comparado con San Pedro. En Haití también él cuida las puertas y los accesos que rodean las casas, y por extensión devino protector de los hogares, en lo cual se asemeja al Eleguá de los lucumí. Según Métraux, se le representa bajo la apariencia de un viejo enfermo, cubierto de llagas, que avanza penosamente apoyándose en un bastón (hasta aquí, los trazos de este perfil mitológico lo asemejan al popular San Lázaro milagroso que venera el pueblo cubano), sin separarse de la pipa que sostiene en la boca, y el saco imperturbable puesto en bandolera. El erudito estudioso Leyburg apunta acertadamente que este aspecto humilde parece ser el punto de atracción que le granjea un afecto casi familiar, y considera que en muchas partes de Haití se vincula a Legbá con San Antonio. Esta caracterización se repite, aproximadamente, en Cuba con San Lázaro, santo-muerto-espíritu al que se ha otorgado una labor misionera. En el Manger-loa de Legbá se incluyen un pollo y, en algunos lugares, un chivo, ambos de color negro, cuyas plumas, cabeza y tripas son lanzadas a las llamas de una hoguera que se levanta en la portería o acceso a la vivienda principal del *houngán* que organiza el *serví loa*. Finalmente, con la carne de los animales que se le sacrifican, con las viandas y con pedacitos de bombón, se prepara un alimento ritual que se deposita en una jigüera y que se le da de comer a todos los participantes en la ceremonia. Aquí a Legbá es a quien primero se le realiza la *ceremonia de alimentación*, confirmando con ello el lugar privilegiado que ocupa en el panteón voduista. Para Simpson, es el intérprete de los dioses y en la creencia de los voduistas rige en las encrucijadas o cruces de caminos.

Legbá Calfou o Calfú. En cróele haitiano, sinónimo de Maitre Carrefour, el Legba dueño de las encrucijadas. En Port-au-Prince hay un sitio con este mismo nombre de Carrefour, donde asistí a una ceremonia voduista muy reveladora en cuanto a los artefactos usados en el altar y en las operaciones litúrgicas: eran especies de piedras chinas o pelonas, muy parecidas a las usadas por algunos pueblos originarios de Nuestra América. Ese elemento y muchos más acumulado durante más de treinta años de estudios e investigaciones de campo me han hecho concluir que los estudios clásicos acerca del vodú de Haití deben ser revisados a fondo y ponerlos en la perspectiva correcta de que las fuentes nutricias amerindias fueron y son de mayor peso que muchas otras matrices que se le han atribuido en ellos.

Legbá Nambayé. Literalmente en creole haitiano, el Legbá que custodia las barreras o caminos. Sin su consentimiento, esas barreras permanecen cerradas y los intentos de convocar a las divinidades del vodú a una reunión o ceremonia pueden resultar infructuosas.

Leguedé. Palabra criolla haitiana que designa a uno de los tambores de la batería *radá* del *vodú* existente en Cuba. Ese instrumento es de tamaño mediano.

L envois morts. Expresión francesa que, literalmente, se traduce como envío de muertos. Se considera una de las operaciones más temibles de la magia negra, de la cual la gente, según Métraux, no para de hablar. La persona objeto de esta agresión, a la que envían uno o más muertos para destruirla, escupe sangre y se extingue rápidamente. La gravedad de la conjuración mágica se funda en que es fatal, a menos que la naturaleza del mal haya sido diagnosticada anticipadamente. El envío de muertos se efectúa bajo los auspicios de San Expedito, que es invocado colocando una imagen sobre otra imagen suya, a continuación de lo cual se reza.

León, Argeliers (). Su obra etno-musilógica es la más rigurosa de cuantas se hayan hecho en Cuba y fue maestro de varias generaciones de estudiosos cubanos, incluidos los miembros de la

Casa del Caribe, quienes nos honramos de haber mantenido una relación muy amistosa y cordial con este gran hombre, sencillo y singular, en cuya obra bebimos saberes que alimentaron nuestro espíritu.

Liké. Esta voz criolla viene del francés *liqueur,* que designa una bebida hecha a base de aguardiente y alcohol. El término haitiano se refiere a un líquido destinado a ser absorbido en los ritos y ceremonias del vodú, pero que no contiene ningún radical OH en su composición. Su contenido semántico está más cerca de la expresión francesa vins que de la de liqueur, referida a aquellos vinos dulces y espirituosos. El *liké* es una bebida no alcoholizada, algo melosa, que se confecciona a base de azúcar de caña y agua, mezcla a la que, en determinados momentos de su cocción, se le añaden anís estrellado y canela. Es parte de las ofrendas de los loa catalogados de *blancos*, caracterizados por ser muy susceptibles, exclusivistas, diríamos que de familia especial no asociados a las ofrendas cruentas ni al alchohol y de clase distinguida, como Erzilí, en ocasiones elevada a pedestal real y tenida como reina.

Linglesú o Lenglesú. Simpson lo cataloga de loa violento y maligno, si se incumple algún compromiso contraído con él esto puede costar la vida. Métraux atribuye la muerte de una niña que era atendida por una mambó al castigo dado por este loa a su madre, quien había cometido un robo sacrílego. Junto con Agassou y Agaou se le considera un loa mazon. Courlander lo presenta como el loa del arcoíris y atestigua que Blinginsu marcha o camina con él. Hay, pues, elementos probatorios suficientes como para reconocerlos como un *loa diab*. Existen diferencias en cuanto a los animales sacrificiales y las partes de ellos que se le ofrecen a Lenglesú en Haití y en Cuba. En Haití se le inmola un macho cabrío del cual le pertenecen la punta de la lengua y de las orejas, las patas delanteras y el extremo del rabo. Las porciones de carne que se le ofrendan deben cocinarse sin sal. En Cuba, en cambio, es degollado en su honor un verraco del cual se ofrendan la cabeza, las cuatreo patas, el rabo y el corazón. El sacrificio es hecho al modo en que es degollado habitualmente el chivo, y la sangre se derrama sobre las diversas viandas y otras cosas depositadas en un hueco que se cava en ocasión de la ceremonia. En ese orificio también se depositan los mencionados obsequios, incluida la botella de ron. Cuando Lenglesú se apodera de la cabeza de su *caballo*, inmediatamente se auto-identifica y se distingue por ingerir grandes cantidades de ron y, en particular, de aguardiente con picante. Nuestros informantes refieren otros dos *loa* que llevan el nombre de Linglesú:

Lenglesú Damá y Lenglesu Vasensá.

Lisa. Vocablo que en Dahomey designada la deidad del Sol. Ver *Lisa-Mawu o Lisa-Mahu.*

Lisa-Mawu o Lisa-Mahu. En la cosmogonía espiritual del antiguo pueblo del Dahomey, Lisa-Mahu era la pareja de creadores que servían de núcleo aglutinador de un concepto novedoso de Dios Supremo, que hasta el momento no sabemos a qué distancia está del concepto haitiano del Dieu Bon Dieu, que siempre nos refieren los autores para proporcionarnos una forzada visión monoteísta del vodú por aproximación a la de la cultura judeo-cristiana del Occidente. Para Simpson, Lisa en Dahomey es la divinidad Sol. Pero compruebo claramente el universo compuesto por las fuerzas de tres reinos aparentemente distintos: el de la Naturaleza, el de la sociedad y el de la Historia y ellos se integran para formar un modo de vida, un estilo de comportamiento, de vida, una cosmovisión y una filosofía que conocemos como *vodú*..

Loa. Simpson opina que designa a las deidades del vodú, la mayoría de las cuales se agrupan en dos categorías: la de los loa *radá* (ver) y la *petró* (ver). A menudo esta palabra es traducida por Dios, lo cual es un error, porque esta interpretación remite a una religión monoteísta, que no es el caso del vodú desde mi punto de vista. Genio, misterios o espíritu, serían las voces más apropiadas para referirse a estas entidades que integran el panteón o la cosmovisión voduista, como he podido apreciarla en mi larga convivencia con las comunidades de haitianos y sus descendientes en Cuba y, en menor medida, en mis esporádicas visitas a República Dominicana en la década de los ochenta . La mayoría de los estudiosos que han escrito sobre el tema consideran al *loa* como un ser sobrenatural que tiene sus adeptos o servidores y en los que se manifiesta subiéndosele a la cabeza, es decir, desplazando su *gross-bon-ange*, tal vez la conciencia y provocando que su *caballo* asuma los rasgos de su personalidad. Esa operación trae por resultado que su ahijado devenga en otro ser con estatus místico: el estatus del mismo loa que se ha posesionado de él. Haya muchos puntos de contacto entre el loa y entidades del panteón de origen nigeriano que en Cuba se denominó religión de los lucumí (es) o africanos a los que se les adjudica hoy vagamente origen yoruba y que vulgarmente se llama *santería cubana* o Regla de Osha, contracción de *orisá* u *oricha*. Como sucede en entidades con características y funciones semejantes de otras religiones afro-caribeñas, el loa puede haber sido: un ancestro divinizado, una fuerza de la naturaleza que, por razones dadas, deviene en fuerza mística o determinadas personas elevadas a la categoría divina, sobre el supuesto de haber realizado hechos excepcionales o de haber poseído cualidades extraordinarias. Shangó ilustraría este último caso, pero también muchos héroes y personajes de la historia de Haití han sido elevados a la categoría de loa. Según George Eaton Simpson, designa una de las deidades del culto voduista de Haití, sinónimo para él de *zanges*, contracción de *les anges*, *les mystéres* (misterios) o los santos, de *les saints*. Supongo que esta esta última expresión es la más usada por los creyentes y practicantes del vodú en Cuba.

Loa blanche. Expresión del criollo haitiano que designa a un loa o espíritu o grupo de espíritus del vodú de la clase radá y a alguno de esta corte se les asociaa a los santos acuáticos.

Loa congó. Loa clasificado como perteneciente a la familia mítica del país africano, que los voduistas designan por Congo. Junto con los *loa radá* y los *loa petró*, estos espíritus integran la famosa trilogía del panteón voduista o mas bie la cosmogonía espiritual propia del vodú.

Loa Creole Literalmente, puede traducirse con la expresión *loa criollo*, o sea, nacido en la colonia francesa de Saint Domingue o, después de la independencia, de la República de Haití. Se afirma que todos los loa creole pertenecen a la categoría de los *petró*.

Loa Guiné o Guinee Literalmente *loa de Guiné* o de Guinea, es decir, perteneciente a una de las naciones míticas con que los haitianos identifican su procedencia africana. La expresión se refiere, pues, a un espíritu auténtico que pertenece a aquel continente negro, y en consecuencia, significa que no ha surgido en tierra americana. Guinea es la plaza natural del negro-africano esclavizado y por sus descendientes, que ellos identifican con África.

Loa Kebe Li Esta expresión del creole haitiano designa la situación en que una persona, expuesta a la cólera de un loa, ha sido secuestrada por él.

Loa Mait Tete Se refiere al *loa* protector de cada persona creyente o practicante del vodú, al dueño de cada cabeza.

Loa monté chual lí. Expresión del creole haitiano que significa que el loa monta su caballo, es decir, se apropia de la personalidad de su adepto instalándose en ella.

Lois, lwa o luá. Es voz empleada en República Dominicana, Muchos autores remiten esta voz a las lenguas del antiguo reino del Dahomey y afirman que fue traida por los dahomeyanos que fueron reasentados en condición de esclavitud a Haití, donde designa a los seres espirituales del panteón voduista. Ver *loa*.

Lokó. Deriva de la divinidad Loko del antiguo Dahomey, donde era una divinidad de la sanación. Se afirma que era el segundo de los dioses del antiguo reino de Ouidah y constituye un modelo de cómo se ha conservado la espiritualidad de África en Haití. En efecto, en él se mantiene el símbolo y el poder que tiene ese espíritu de la vegetación en el continente negro: con el nombre de Iroko, según Depestre, era el vodú de los árboles y de los enfermos. Es quien le entrega a aquellos sus propiedades curativas y sus virtudes rituales. Llamado Docteur Feuilles, Doctor Hojas, se le considera el protector de los curanderos por el máximo de conocimiento que posee de las propiedades terapéuticas del follaje. Marcelin afirma que cuando un hombre es fuerte e inteligente se dice en Haití que es como Lokó, lo mismo que de alguien que conserva su serenidad en medio de un peligro se dice esta expresión: *You Loko Baciye Tete en Place*.

Loko Atisso. Ver *Lokó*.

Loup garoup. Expresión francesa por lobo, entidad demoníaca qaue encontramos en el imaginario colectivo de las cofradías *voduistas* cubanas y en las comunidades cubano-haitianas en que están ellas insertas. Necesitaríamos averiguar si es figura transportada de la Europa occicental a través de los franceses o si viene directamente de Africa a Haití.

Luá. Voz que designa en República Dominicana al loa del culto voduista en Haití.

Luwa. Micea Eliade le atribuye un origen fon y yoruba a esta voz que designa en Dahomey a las deidades en torno a las que gira el vodú como sistema religioso y también en Haití, República Dominicana y Cuba.

Lucumí. Voz que designa a los creyentes afrocubanos de origen nigeriano y es mejor conocida que la voz actualmente usada de yorubas entre los africanos y sus descendientes directos que la investigadora cubana Lidia Cabrera conoció y estudió en Cuba desde principios del siglo XX en que todavía existían africanos esclavizados, aun cuando hubiese sido abolida la esclavitat, formal y jurídicamente, en las postrimerías del siglo anterior.

M

Magie

Mait Bitation Derivada de la expresión francesa Maitre d habitation la que, literalmente, designa al dueño de la casa de habitación, en este caso espiritual, de un espíritu o grupo de espíritus. Equivale a la expresión creole haitiano de Legba-Mait-Habitation, el Legbá que cuida los accesos y-o los alrededores de las casas de vivienda donde está instalada una cofradía o se realiza un rito o ceremonias de la religión vodú, a los que se convoca al Mait-bitation para que proteja a los concurrentes o residentes en ese espacio habitado.

Maitre Carrefour, Méd Calfú o Maitre Chemín Designa a Legbá, dueño de las encrucijadas, sitio donde rondan los malos espíritus y propicio a los actos mágicos, en particular de la brujería conga.

Mamamier. Designa a uno de los tambores de la Tumba Francesa (ver.)

Mamaluá o mamalois. Oficiante femenino del vodú. Sinónimo de *mambó*.

Mamá-tambú. Expresión criolla haitiana que, literalmente, pudiera traducirse como el tambor madre y que el vodú haitiano designa al tambor de máxima jerarquía y tamaño dentro de la batería de los loa radá.

Manger loa.- Ceremonia en que se le da de comer un loa siguiendo la tradición voduista, para fortalecerle o en cumplimiento de una promesa de un seguidor, servidor u oficiante voduista. Las ofrendas otorgadas corresponden al origen o pertenencia del loa a una u otra familia de estas divinidades y las hay reducidas o ampliadas, singulares o encadenadas a una serie de ritos que tienen lugar en una cofradía voduista.

Manger mort: Expresión francesa con que en Haití se designa a la fiesta religiosa dedicada a la familia de los muertos. Se emplea en Cuba con idéntico sentido.

Mambo. Vocablo criollo haitiano para designar a la sacerdotisa del vodú tanto en Haití como en Cuba y que dice Courlander existe en el culto a Shangó de la isla de Trinidad (y Tobago.)

Mambo famí. Sacerdotisa del vodú en comunicación con e influye en los espíritus.

Mambo gasón. Esta expresión se usa para designar al individuo que hace funciones de la mambó famí.

Manyé. Voz criolla haitiana derivada de la francesa manger (comer), que significa la comida ritual voduista.

Marasca (ritual). Ver asson.

Marassa. Mellizos. Voz criolla que designa en Haití a los espíritus de los mellizos fallecidos.

Martínez Furé, Rogelio (). Uno de los más importantes investigadores de Africa, su literatura y su repercusión en la cultura tradicional del pueblo cubano. Autor de importantes libros, entre los que me impactó Diálogos imaginarios, entre otros. A él se deben importantes estudios acerca de la literatura africana, presencia *dahomeyana* (ver) y la religión *arará* en Matanzas, Cuba.

Masá. Vocablo criollo haitiano que es el empleado por los miembros de las cofradías del vodú practicado en Cuba y con la que se designa a los espíritus de los mellizos (fallecidos), como en Haití. Vid Marassa.

Mawu. En el pensamiento ancestral del antiguo Dahomey, Mawu o Mahu se nos presenta en varios mitos, en uno de los cuales es una diosa de la creación asociada al Sol y la Luna; en otro es una gemela hermana-esposa del masculino dios Lisa, pero en otro mito no son más que caras de los dos espíritus o divinidades Mawu-Lisa. Ambos son hijos de Nana Bulukú y padres de *Xevioso*.

Mayumbero. Viene del habla de los *parleros* y los oficiantes cubano-haitianos la usan como sinónimo de brujo, hechicero o simplemente practicante de vodú.

Met-tet. Expresión criolla haitiana para referirse, literalmente, al acto de posesión de la cabeza de una persona por parte de un loa. Se deriva de la expresión francesa *maitre-tete* que podría traducirse como dueño de la cabeza.

Milanés Fuentes, Pablo "Chuni"(). Houngán, docteur feuilles y líder religioso radicado en la comunidad cafetalera cubano-haitiana de Pilón de Cauto y quien es uno de los sacerdotes que más ha contribuido al estudio de la cultura haitiana en Cuba desde su labor como sacerdote del vodú y de difusión de la espiritualidad haitiana a nivel nacional de toda Cuba e internacional, mediante su divulgación en varios países, alguno de los cuales ha visitado gracias a la Casa del Caribe.

Milanés Fuentes, Venancio "Tato" (). Houngán de Pilón de Cauto cuya labor está a la misma altura de su hermano Pablo.

Millet Batista, José (Holguín, 1949-). El autor de este libro, a pesar de no ser mencionado en libros recientes de afamados autores cubanos, pasará a la historia de la cultura cubana por haber sido uno de los intelectuales más preocupaos por registrar el aporte de Francia y de Haití a la espiritualidad de los pueblos del Caribe y de su país natal, de lo cual son testimonios vivos sus escritos, en libros, estudios, etc publicados en soporte físico y algunos digitales en internet, así como su labor organizativa desde la Casa del Caribe, de la que es uno de los últimos fundadores vivos y fuera de Cuba.

Moliner, Israel (Matanzas,-) Investigador de las religiones afrocubanas en su natal Matanzas, quien trabajó en la Casa del Caribe e ha hecho importantes aportes a la comprensión de la cultura local y de lo relacionado con lo *arará,* para el caso que aquí en esta parte de nuestro **Diccionario** nos ocupa.

Moreno, Dennis () Investigador a quien se deben publicaciones relacionadas con el aporte franco-haitiano en la cultura cubana.

Música (étnica). Junto con el baile, las danzas, el tambor y los dibujos rituales constituye el centro y foco de la preservación de Africa, de su cosmogonías y filosofías en el inconsciente colectivo de los afro-descendientes en las Américas y, de manera especial entre los pueblos del Caribe que tienen en Haití uno de su pueblos más importantes en esta función y dirección apuntada aquí. No hay vodú sin música que remita a la *Guiné*, al Africa ancestral por mucho que se silencie el tambor en alguna de sus ritos y ceremonias, como las del *loa blanche*, por ejemplo.

N

Nagó: Uno de los linajes étnicos o conjunto de loas pertenecientes a la línea unnigeriana o yoruba del panteón voduista. Para Courlander es una de las tres "líneas" de los encantados (espíritus) de las casas yorubas de San Luis, en Brasil.

Nana Baroco. Voz derivada de Nananbuluku, un miembro del panteón celeste de las creencias dahomeyanas y que es el creador del universo.

Naná Buruku o Brukung; Nananbuluku o Nana Bulukú. Pierre Verger en su monumental libro **Orixas** afirma que existen orichas cuyo culto abarca conjunto de territorios de los yorubas y a *Naná Buruku o Brukung* hay que darle un tratamiento especial cuando se analice este asunto porque es considerada como la diosa suprema en las regiones al oeste de los países yoruba, y también más allá. Algunos investigadores cubanos, como Miguel Barnet, han llegado a afirmar que se encuentra entre los orichas que en la santería cubana son adorados en un segundo plano de relevancia ritual. Se le considera el Creador del universo en las creencias dahomeyanas antiguas. Creo que esta divinidad no aparece en el panteón voduista existente en Cuba y ninguno de sus miembros que heconsultado conoce de su existencia, por lo que al parecer ni este fondo mítico de pensamiento se ha podido conservar.

Nan Guinin, Guinen. Expresión criolla haitiana que designa a Guinea, país mítico del africano esclavizado que se refería a Africa. Ver *Guinea*

Nashon. Vocablo criollo haitiano con que los voduistas establecen una clasificación de los loas de acuerdo con su procedencia étnica; así hay loa de la nashon radá, ibó, petró o nagó, etc.

Noé, celebraciones de. La voz Noé se asocia en Haití a las celebraciones culturales de la fiesta cristiana de la Navidad propia de los amos franceses, pero allí es marco para que se exprese tradiciones africanas y también criollas creadas por el pueblo haitiano.

O

Obbá-Lomí. Loa referido por los miembros de las comunidades cubano-haitienas estudiadas que consideran que es la dueña de la ceiba, donde tiene su *arbe.reposuá*. Es de los loa más antiguos, africano y la asocian con el loa *Congo-Asocá* (ver.) Para mí es evidente el origen yoruba de esta divinidad y su relación con la ceiba. En la religión lucumí de los afrocubanos, Oba es una de las tres esposas que se disputan el amor de Shangó, considerada el signo de la fidelidad y se convierte en río, cuyo nombre lleva en Nigeria. Está situada en la constelación de los orichas cuyo culto es secundario

Ogún. Deidad del hierro y de la guerra, según el pensamiento tradicional de los pueblos yorubas. Es un loa muy importante en el vodú de Haití, al punto que allí constituye una familia de loa que se ha extendido tanto en la República Dominicana como en Cuba, donde se le atribuye o tiene un origen nigeriano o se le asocia a los *lucumíes* o yoruba.

Ogún Batalá. Designa en Cuba a un loa del panteón voduista.

Ogún del Río. Designa a un loa localizado en Cuba por el equipo de estudios religiosos de la que dirigí en la Casa del Caribe.

Ogunismo. Voz creada por el creador histórico-literario e investigador cubano Joel James para referirse a la variante cubana del vodú que nos legara Haití y que se caracteriza por la preminencia de los loa de esta familia de los Ogún.

Ouidah Topónimo del antiguo reino del

Dahomey que es referencia cultural importancia en todo lo relacionado con los orígenes dahomeyanos a los que se remite lo africanos traídos a Haití, a la espiritualidad del pueblo haitiano y a su diáspora cultural franco-haitiana en esta región de Nuestra América y en el mundo en general

Ouanga. Ver wanga

P

*Padrón, Carlos (*Santiago de Cuba, -*)*. Actor de teatro y de cine, dramaturgo e investigador a quien se debe uno de los últimos más importantes libros publicados en Cuba acerca del teatro cubano, en el cual trata la presencia franco-haitiana en la Isla, perdón, en el archipiélago cubano.

Palero. Vocablo usado por algunos cubano-haitianos para referirse al practicante del sistema mágico-religioso existente en Cuba y conocido como Regla de Palo, Regla de Palo Mayombe o Regla conga.

Pé. Voz que designa el altar voduista encima del cual su oficiante y dueño coloca diversos tipos de objetos.

Pérez, Nancy () Investigadora oriental radicada

en el Reparto Vista Alegre, de la ciuda de Santiago de Cuba, quien ha sido para nosotros los estudiosos de la Casa del Caribe un símbolo de la tenacidad, voluntad de estudio y dedicación a la elaboración de importantes proyectos, como el del Atlas Etnográfico de Cuba, en el cual aparecen muchos asuntos de la presencia franco-haitiana en el Oriente de la Isla fruto de su labor.

Pedro, Alberto (La Habana-.) A este investigador debemos la publicación del primer trabajo acerca de la Semana Santa cubano-haitiana, basada en rigurosas investigaciones de campo en comunidades nunca antes tomadas en cuenta.

Peristyle. Espacio exterior a la vivienda del jefe de una cofradía voduista empleada para realizar en ella ritos y ceremonias de este sistema mágico-religioso. En Cuba popularmente se le conoce y denomina enramada, por ser un espacio techado con ramas de plantas como las de los cocoteros y de las palamas reales.

Petit Dancé. Nombre de una de las agrupaciones de danza étnica haitiana, ubicada en

Petit feuilles, Expresión francesa que puede traducirse, literalmente, como *hojitas*, pero que en el vodú haitiano significa ahijado o adepto a este sistema mágico-religioso de Haití, extendido a otros países, como República Dominicana y

Cuba. Es elemento muy importante en la cofradía o comunidad que se establece en cualquier asentamiento rural, montañoso o del llano , aan gabsí como en determinados barrios semi-urbanos o urbanos.

Petró. Vocablo que alude al grupo de loa que se les asocia y deriva de un tal Don Pedro, poderoso sacerdote voduista de la época pre-revolucionaria de Haití. George Eaton Simpson afirma que se trata del segundo grupo de loa de Haití, cuya procedencia la ubica en otras partes Africa o de orígenes étnicos distintos al dahomeyano atribuido a los loa del grupo de los *radá.* Creo que esta voz alude a la familia de los *loa* criollos o nacidos en Haití y en el Caribe, incluimos aquellos que se crearon en la República Dominicana y en Cuba, con toda pertinencia, por cuanto son estos dos países donde se implantó el vodú procedente de Haití con mayor fuerza y preeminencia.

Piti fei. Expresión del criollo haitiano con que se designa a a) el ahijado de una casa-templo voduista y b) a la bebida empleada en los ritos y ceremonias voduistas, incluida la consulta que realiza en el cai misté el houngán. Ver *petit-feulles.*

Piere-tonnerre. Expresión que deriva de piedra de rayo. Pequeña y pulida piedra que los voduistas y otros practicantes creen que contiene un espíritu. Muchas de estas piedras son células del neolítico elaboradas por los pueblos originarios que habitaban las islas del Caribe, como Haití, Trinidad y Santa Lucía. Piedra de Shangó, en ocasiones le llaman porque se piensa que el rayo revienta en el suelo creando estos objetos que, si viene del cielo y cargan tanta potencia, deben ser especialmente poderosos como para ser sagrados; piedra de los indios, en apariencia alejados de estos sistemas religiosos que se los ubica como derivados de los pueblos africanos, lo cual es a solas parte de la verdad que los investigadores más rigurosos que los han estudiado no han llegado al corazón de tan espinoso asunto.

Pilón de Cauto. Comunidad haitiano-cubano ubicada en donde nace el río Cauto en lo más intrincado de la Sierra Maestra y una de las más emblemáticas de Cuba por la preservación de la espiritualidad y la cultura legada por el pueblo franco-haitiano a nuestra cultura nacional. donde se

Martínez, Arsenio "Pimienta". Importante líder de la comunidad haitiana y haitiano-cubana de Barrancas, foco de irradiación de la cultura franco-haitiana con centro principal en la tradición del *gagá*.

Point. Recurso mágico para situarnos fuera del alcance del mal.

Prét 'savanne. Designa al sacerdote de sao o de los espacios rurales que son un alto por ciento en Haití y que recita plegarias católicas, generalmente tomadas de la Biblia, en los servicios voduistas conocidos por *servi-loa.*

R

Radá (familia de los loa). George Eaton Simpson cree que este vocablo es una corrupción de Allada, nombre de un poblado del antiguo Dahomey; también, que designa un grupo de divinidades a las que les atribuye un origen principalmente de Nigeria y de Dahomey. Posiblemente se trate de un topónimo que alude al territorio conectado al puerto de Ouidah de donde eran extraídos los negros africanos para su traslado al Nuevo Mundo. Muchos autores coinciden en la raíz africana o dahomeyana de esta familia de loa muy importante en la religión de los *loa* o el *vodú* en Haití y en afirmar que son los espíritus del bien, destinados a lograr la armonía del ser humano con las fuerzas cósmicas, la Naturaleza y los seres humanos.

Román, Roberto (). Magnífico director de cine a quien debemos la película **Huellas,** primer documental donde se testimonia en la historia de

Cuba la existencia de una rica y compleja espiritualidad franco-haitiana que tiene en el sistema mágico-religioso conocido por vodú la punta de un iceberg todavía no suficientemente estudiado ni mucho menos desvelado. Muy vinculado a la Casa del Caribe, hoy radica en Costa Rica.

S

Saint Domingue. Nombre de la antigua colonia francesa que luego de su indepencia sería llamada oficialmente República de Haití.

San Expedito. Santo del panteón católico empleado en la ejecución de los ritos voduista, principalmente en las consultas cotidianas realizadas por los sacerdotes, houngan, divinó y mambó por exclencia, de esta religión franco-haitiana.

Santana, Manuel (). Uno de los primeros más jóvenes investigadores que se dedicó a hacer investigaciones de campo en la comunidad haitiano-cubana de Pilón de Cauto, a quien debemos la recuperación de valiosos testimonios que incluimos en nuestro libro **El vodú en Cuba**.

Santos acuáticos. Expresión de los miembros de las comunidades haitiano-cubanas con la que se refieren a las divinidades que pertenecen a un grupo particular de loa que pertenecen a o viven en las aguas. Algunas de estas personas los asocian con el grupo de los *loa blanche.*

Segundo. Designa un tambor haitiano de los introducidos por la implantación franco-haitiana en Cuba. Ver *segond.*

Semana santa haitiano-cubana. Los estudiosos clásicos del vodú han aportado importantes datos y análisis acerca de la realización en Haití de ritos y ceremonias en el periodo de la semana santa. Creo que el único que lo había hecho en lo que respecta a Cuba había sido nuestro querido amigo Alberto Pedro, a quien luego continuaron otros investigadores, pero creo que queda mucho trecho por recorrer.

Serpiente.- Al vodú se le ha asociado con demasiado frecuencia al culto de la serpienteUno de los medios.

Serafina. Investigadora de la ciudad de Las Tunas que hizo investigaciones de campo acerca de la cultura franco-haitiana y el vodú de la comunidad liderada por Titina. Su aporte a la Casa del Caribe en cuanto a hospitalidad en su hogar deberá ser reconocido públicamente, dadas las limitaciones monetarias y materiales que hubieran impedido nuestra labor de no contar con tan valioso apoyo y colaboración altruista.

Serví-loa. Expresión franco-haitiana que literalmente podría traducirse como servicio a un loa y que designa a la actividad ritual o a la ceremonia voduista.

Shangó. Es el dios del relámpago en el ámbito de las creencias religiosas tradicionales de los pueblos yorubas del sudeste de Nigeria y del oeste del actual Benin, antiguo Dahomey. En Haití se le conoce con los nombre de Ogún u Ogoun Shangó o Changó. No resulta un loa muy conocido en Santo Domingo, donde sólo unos pocos servidores de misterios trabajan con él. Allí se le caracteriza de modo parecido al homónimo de la santería cubana: guerrero por excelencia, se dice que se enfrentó violentamente con Ogún Balendyó por celos con Oyá (en la religión lucumí, Shangó y Ogún se enfrentan o disputan por amores con Ochún, *oricha* hembra dueña de ese sentimiento erótico.) El resto de los rasgos de Shangó son los propios del santo afrocubano: amante de las mujeres y de la música, es alegre y carismático, su color simbólico es el rojo y habita en una ceiba. Su representación visual consiste en un guerrero con espada montado en un caballo blanco y sus adeptos o hijos lo invocan para obtener dinero. En Cuba no hemos podido reportar este loa entre los practicantes de vodú, tanto en la Sierra Maestra como en el llano y poblados urbanos.

Sobo o Sogbo. Nombre de la deidad dahomeyana madre de Kevioso, dios del Trueno. No hemos encontrado reportes de su existencia entre las comunidades voduistas haitianas de República Dominicana ni de Cuba.

Societé. Voz francesa cuya traducción literal en castellano es sociedad y que, en algunas tradiciones haitianas se emplea para designar a las comunidades de iniciados en ellas, como en el gagá y en el vodú, en apariencia ajenas una de otra, pero con un fondo común que todavía no ha sido suficientemente explorado y estudiado, como las sociedades secretas que hay dentro o detrás de ellos.

Sugon. Voz criolla haitiana que designa a un tabor de las tradiciones franco-haitianas en Cuba conocidas como Tumba Francesa.

T

Ti-bon-ange. Designa a la segunda alma, según las creencias de los voduistas, para quienes también se trata de un espíritu de protección personal, en lo cual vemos coincidencias con los sistemas de pensamiento espiritistas muy extendidos entre los pueblos del Caribe,incluida

Cuba, donde en mi opinión, el espiritismo en sus diversas variedades es la religión nacional del pueblo cubano.

Tifei. Sustantivo del criollo haitiano con que los haitianos y haitianos-cubanos designan la bebida ritual *petit-feuilles*, empleada en ritos y ceremonias voduistas.

Ti Jean petró Loa autóctono de Haití, perteneciente a la familia de los loa *petró*. Métraux dice que es un Espíritu arborícola representado por un enano con un solo pie.

Ti-Nó. (Haití, 19..-La Habana, 19..?) Importante divinó y houngán de la comunidad haitiana de Barrancas en la cual iniciamos nuestras investigaciones de campo acerca del complejo mágico-religioso conocido por *gagá* (ver) y quien nos aportó visiones que enriquecieron nuestra percepción y conocimiento acerca de la presencia franco-haitiana en Cuba. Falleció en La Habana, adonde lo trasladó su familia en esa loca emigración del Oriente al occidente que ha afectado a los haitinos y a sus descendientes.

Titina. Importante mambó y lideresa de una comunidad urbana de Las Tunas, donde hicimos investigaciones de campo.

Toirac, Haidée (Baracoa,) Una de las primeras

investigadoras de Holguín en vincularse a las investigaciones que emprendimos desde la Casa del Caribe a principios de los ochenta y que hixo importantes aportes a nuestros estudios sobre la presencia franco-haitiana a partir de la recolección de información que tributaron en el **Atlas etnográfico de Cuba**.

Triyán. Voz criolla haitiana que designa al instrumento musical de metal que se percute con un trozo también metálico y se emplea en las fiestas conocidas en Cuba como de la Semana Santa. Puede traducirse como azadón y en Cuba se le conoce como guataca.

Tumba francesa. Esta frase castellana designa al conjunto de tradiciones culturales, religiosas y artísticas surgido a partir de la implantación franco-haitiana que se produjo en el extremo más oriental de Cuba con la migración política forzada de los caficultores franceses que escaparon con vida de la colonia francesa de Saint Domingue, cuando se produjo en esta porción de La Española la insurrección de los africanos esclavizados y de otras estratos de aquella sociedad criolla. Esta institución cultural floreció en las ciudades de Guantánamo y Santiago de Cuba, pero también en espacios rurales, como es el caso de la Tumba francesa existente en la comunidad de Bejuquero, ubicada en zonas montañosas de Sagua de Tánamo, en la actual provincia de Holguín. Es una tradición artístico-cultural incluida en la lista de Patrimonio de la Humanidad de la UNESCO, gracias al prolongado y sistemático trabajo de investigación iniciado por el sabio santiaguero Fernando Boytel Jambú, miembro del Consejo de Asesores de la Casa del Caribe, que continuó con estos estudios, trabajó en su expedientación y contribuyó decisivamente a su valoración nacional a partir de los encuentros que se realizaron en la ciudad de Guantánamo.

V

Vera Ana () Investigadora cubana a cuya autoría se deben varias registros con las publicaciones relacionadas con la presencia franco-haitiana en Cuba, pero que entre sus estudiosos omite a investigadores de la Casa del Caribe…omisión lamentable pero comprensible tratándose de especialistas de La Habana. Autora del libro

Vergés Martínez , Orlando (). Investigador a cuya autoría se deben relevantes trabajos acerca de la cultura tradicional del pueblo cubano y la conducción de la Casa del Caribe (ver). Agradeceremos siempre a Vergés haber tenido la capacidad organizativa para darle continuidad a la gran empresa nacional y supra-nacional que fundara Joel James desde esta institución, incluidos su programa de estudios de las religiones afro-caribeñas y del espiritismo en sus variantes diversas. A él se debe la inscripción del libro **El vodú en Cuba** en el concurso anual del Ministerio de cultura de Cuba, premio nacional que obtuvimos en 1992, no en el 1993 como reza el diploma que lo acredita.

Vvé o verver Dibujos simbólicos trazados por los oficiantes del vodú dirigidos o en representación de los loas, en los que emplean polvos y cenizas de color blanco. Ellos funcionan como parte de los ritos y se corresponden con un loa; generalmente, que se ejecutan en el suelo al pie de *arbe reposuá* donde el loa tiene su asiento o habitación o en la entrada de acceso principal a la casa de habitación donde tiene lugar una ceremonia o celebración voduista. Su función es convocar al loa a que se presente al sitio donde se le rendirán honras y que los miembros de la cofradía se compenetren con este acto en que se impregnen con su presencia. Se emplean en su confección diversos materiales, como harina, polvo de café y otros, en ocasiones con combinación de colores. Son de una extrema belleza y lo ejecutan los miembros de la cofradía y en muchas ocasiones el oficiante principal que la preside

.

Vodoun, voudú, vodú, vudú Courlander afirma

que en Dahomey la palabra *vodoun* designa a las divinidades de la nación Aradá y, en Haití, a las creencias y a los ritos del sistema religioso neo-africano que se creó allí, generalmente denominado en Cuba con la palabra vodú. Deriva del etnónimo que designaba en el antiguo Reino del Dahomey a las entidades de una cosmogonía espiritual negro-africana surgida e instalada allá.

Vodú, vudú, voduismo. o religión luá. Mircea Eliade considera al vodú como un "culto de posesión organizado en torno a las divinidades lwá, de origen fon y yoruba [...] y la red del vodú abarca a la sociedad haitiana en su conjunto , con sus embrujamiento y sus des-embrujamientos, sus secretos y sus formas ocultas" Según el autor Joel James, a diferencia de Haití, donde para muchos especialistas el vodú se divide en vodú radá y vodú petró, en Cuba surgió y existe una variante del vodú bastante bien diferenciada, , tanto de la haitiana como de la existente en la República Dominicana y que él bautizó como *ogunismo*, por la preeminencia del grupo de los loa que tiene como centro al loa Ogún. Para mí, en el archipiélago cubano han convivido en secreto el antiguo vodú introducido desde hace más de dos siglos, con el vodú surgido en Haití en el siglo XX e introducido por los inmigrantes laborales en las primeras tres décadas d ese siglo XX y, ambos, con una variante cubana del vodú, como la señalada por Joel James. El vodú es algo más que un sistema de pensamiento mágico-religioso, a partir del cual y formando parte de él constituye una concepción del mundo, del hombre, de la sociedad , de la vida y de la muerte creado por el nativo pueblo haitiano en la antigua colonia francesa de Saint Domingue—devenida en la actual República de Haití una vez que se independizó de Francia—y que fue fruto del encuentro de creencias y tradiciones culturales aborígenes, africanas—entre las que destacan las dahomeyanas, las yorubas y las bantúes, con acento en este último componente en aquellas de las de origen bakongo—, todas las que se pusieron en contacto con la cultura dominante de los amos franceses, contacto que favoreció el intercambio creador, la mezcla y el entrecruzamiento con las creencias, costumbres y con prácticas propias de su religión judeo-cristiana, como las propias del cristianismo y la religión católica en general, con cuyos santos hay quien relaciona a algunos loa del panteón voduista, por ejemplo. Actualmente el vodú es la religión nacional del vecino país caribeño de Haití y su expansión ha alcanzado a la República Dominicana, a la República de Cuba y, con la emigración tanto de los haitianos como de los dominicanos y cubanos, en casi todos los continentes, comenzando por Norteamérica, al

Caribe insular y, en América del Sur, se ha reportado su existencia en Venezuela. En Cuba, desde finales del siglo XVIII y principios del siglo XIX, hubo una primera implantación del vudú llevado por las dotaciones de esclavos de los plantadores franco-haitianos que escaparon a la Revolución de Haití, así como expresiones culturales, espirituales y religiosas poco estudiadas, como las de la *Tumba Francesa* que perdura en el Oriente de la Isla, especialmente en las ciudades de Guantánamo y de Santiago de Cuba, así como en áreas rurales de la actual provincia de Holguín. Asimismo, en las primeras décadas del siglo XX, su impacto fue altamente notorio en los territorios de las antiguas provincias de Oriente y de Camagüey, por las decenas de miles de migrantes laborales que entraron en ella para trabajar en las plantaciones cañeras y cafetaleras que alcanzaron un gran desarrollo en el Isla por demandas del comercio internacional en medio de la I Guerra Mundial. Actualmente, las creencias y prácticas del vodú se han extendido por todo el territorio nacional cubano fruto de las migraciones internas—principalmente del Oriente al Occidente la Isla—que involucran a los cubanos, a los haitianos y a los descendientes haitiano-cubanos.

Vodounsí. Autores afirman que es palabra compuesta de vodú y *hounsí*, entradas que deben consultarse en nuestro **Diccionario enciclopédico mágico religioso cubano**. Designa a la mujer u hombre iniciado en la religión vodú.

W

Wanga. Voz de origen kongo. Según Courlander, se trata de un encantamiento vinculado al mal. Ver *ouanga* y houngán o hungán.

X

Xevioso. Divinidad dueño del fuego adorado aun hoy en casas-templo voduista del Ouidah que puede ser visitado hoy en día en la República de Benín, antiguo Dahomey.

Y

Yanxa u Oyá. Deidad del panteón nigeriano en Cuba que se asocia a los fenómenos meteorológicos, a la tempestad y que se le atribuye el poder de ser dueña del cementerio.

Yerbita.-Voz usada por los cubano-haitianos de las comunidades de inmigrantes para designar a la bebida conocida por *tifei,* a la que se le atribuyen propiedades y funciones mágica y curativas, usada en ritos, ceremonias y consultas.

Yoruba. Es etnónimo muy usado por los investigadores en Cuba en sustitución del origen nigeriano atribuido a un africano esclavizado o a sus descendientes. Dice Lidia Cabrera que los esclavos que ella conoció no usaban o entendían esta palabra sino que se identificaban mejor por la de *lucumíes*. Shangó y Ogún son dos de los loa a los que se identifica con los loa de procedencia yorub*a*.

Z

Zange. Contracción de *les anges*, deidad del vodú haitiano; sinónimos: *loa*, *les mysteres*, *les saints*.

Zaú Pembá. Loa haitiano que hemos reportado ampliamente en nuestros trabajos publicados en Cuba y en otros países.

Zombi. Persona fallecida cuya alma ha sido robada por un bocó o bocor y a quien se resucita o vuelve a la vida después del entierro para que los hechiceros la usen con fines maléficos. Estas tradiciones culturales de Haití han sido llevadas al cine y convertidos estereotipos muy efectivos para atacar la cultura religiosa de ese aguerrido y heroico pueblo del Caribe. Con una mezcla de asombro presencié el acercamiento lento y cauteloso de ese pueblo a los bar rotes de las rejas que acordonaban el Palacio Nacional en el instante de las ceremonias y actos públicos de la toma presidencial del Padre Jean Bertrand Aristide. Respuesta al terror sembrado en la conciencia por la dictadura de Francois Duvalier que perduró por varias décadas y que se valió no sólo de la temible policía de los ton-ton-macoute, sino del propio vodú como arma de represión del Estado El amigo escritor René Depestre había llevado a su novela **El Palo encebado** ese proceso zombificación de su pueblo por parte de este tirano y de su hijo Baby Doc y el recobramiento de su voluntad para acabar con esa horrenda y prolongada dictadura. En Cuba recibí testimonio de personas que habían sido zombificadas, aunque no pude obtener información con qué objetivos, sino solo en un caso que me refirieron de haitianos que habían sido sometidos a estas operaciones mágicas para ponerlos a trabajar de sol a sol, en tiempos de la gran arribazón de estos inmigrantes en las primeras décadas del siglo XX.

Zombificación. En las creencias religiosas del pueblo de Haití, se refiere a la operación o acciones mágicas mediante las cuales se le roba la conciencia o voluntad a una persona para convertirla en un siervo o esclavo de los caprichos de su dueño.

Notas y referencias bibliográficas

1.- El presente texto debe ser ampliado con una serie de trabajos de mi autoría, publicados después de su primera versión escrita a medidos de la década de 1980 y que apareció a mi firma en la revista **Temas**, del Ministerio de cultura de Cuba. Aquí me mantengo fiel a lo observado en nuestras investigaciones de campo y lo descrito en dichas publicaciones, pero sugiero al lector cubano y no cubano ampliar la visión en torno a la brujería de origen congo en los libros **Diccionario residual de la lengua residual conga en Cuba** (1998) ,de Teodoro Díaz Fabelo, y **La brujería cubana. El palo Monte** (2006), póstumo de Joel James
.

2.-La cita está tomada de un artículo aparecido en el diario *El Heraldo de Cuba* a fines de 1922. La situación prejuiciada con respecto al vodú subsiste hoy en República Dominicana, pese a cierta tolerancia oficial observada por la investigadora Davis (1987: 113). Así lo ha denunciado Ramón Antonio Veras (1983: 96): en R.D. 'es común escuchar manifestaciones de repudio a sus [de los haitianos residentes allá] prácticas religiosas folklóricas". Para ampliar sobre esta situación puedo leerse "Actitudes dominicanas ante el vodú" aparecida en el libro de   Deive (1980: 163-170).

BIBLIOGRAFIA

ABBAGNANO, NICOLÁS. 1966. **Diccionario de filosofía**. La Habana: Edición Revolucionaria.

BARNET, MIGUEL. 1983. **La fuente viva**. Ciudad de La Habana: Editorial Letras Cubanas.

BASTIEN, REMY. 1952. **Cuadernos Americanos**, ene-feb.

BOURDIEU, PIERRE. 1967. "Campo intelectual y proyecto creador", en **Problemas del estructuralismo**. México: Siglo veintiuno editores. (Teoría y crítica).

CAMARERO, ANTONIO. 1958. **Sócrates y las creencias demoníacas griegas**. Bahía Blanca.

CARPENTIER, ALEJO. 1974. **El reino de este mundo**. La Habana.

CASTIGLIONI, ARTURO. [1972] **Encantamiento y magia**. México: Fondo de Cultura Económica.

CASTOR, SUSY. 1987. **Migraciones y relaciones internacionales** (El caso haitiano-dominicano). Santo Domingo: Editora Universitaria UASD (Colección historia y sociedad).
-- CHATELAIN Daniel. 1998: "De Chango aux tambours : éléments de bibliographie thématique des religions afro-cubaines et de leurs manifestations artistiques" en la revista **PERCUSSIONS** n° 57 y 58.
CHESNEAUX, JEAN. 1975 . "Herejías coloniales y milenarismos de liberación nacional", en El nacimiento de los dioses. La Habana: Editorial de Ciencias Sociales (Sociología).
COACHY, LUCIEN GEORGES. 1982. **Culto vodú y magia en Haití**. México: SEP Diana.
COURLANDER, HAROLD. 1985. **The drum and the hoe**. Berkeley: University of California Press.
DATHORNE, O . R . 1984. "Foreword the afroworld in retrospect", en **Journal of Caribbean Studies**, vol. 1, no. 1.
DAVÍS, MARTHA ELLEN. 1987. **La otra ciencia: el vodú como religión y medicina populares**. Santo Domingo: Universidad Autónoma de Santo Domingo.
DEIVE, CARLOS ESTEBAN. 1975. **Vodú y magia en Santo Domingo.** Santo Domingo: Museo del Hombre Dominicano.

DEPESTRE, RENÉ. 1975. **El palo ensebado**. La Habana: Editorial Arte y Literatura.

DE VORE, NICOLÁS. 1951. **Diccionario de Astrología**. Barcelona: Librería Editorial Argos.

DÍAZ HERNÁNDEZ, ARELIS. 1987 . "Aproximación sociolingüística al léxico mágico-religioso voduista de las comunidades haitiano-cubanas de Barrancas y La Caridad" (Disertación de grado tutoreada por J. Millet).

Dodson, Jualynne E. (In collaboration with José Millet Batista). **Sacred Spaces and Religious Traditons in Oriente Cuba**. Albuquerque, University of New Mexico Press [2008] ilus.

DUVALIER, FRANCOIS Y LORIMER DENIS. 1963 . Extraits des ouevres etnographiques II. Port-au-Prince: Impremerie de L'Etat.

FOUCHÉ, FRANK. 1976. Vodou et théatre: Pour un nouveau théatre populaire. Quebec: Editions Nouvelle Optique.

FRAZER, JAMES. 1961. La rama dorada: magia y religión. México: Fondo de Cultura Económica.

GARCÍA, JESÚS ALBERTO. 1987. Afroamericano soy. Caracas: Coedición La Espada Rota. Taller de Información y Documentación de la Cultura Afrovenezolana (TIDCAV).

GARCÍA GRASA, RAFAEL. 1982. "Elementos de la cultura haitiana en Camagüey" (Artículo inédito).

GONZÁLEZ BUENO, GLADYS. 1988. "Una ceremonia de iniciación en Regla de Palo" (Artículo inédito).

GRAMSCI, ANTONIO. 1962. Notas sobre Maquiavelo, sobre política y sobre el Estado moderno. Buenos Aires: Editorial Lautaro.

IANNI, OCTAVIO. 1977. "Organización social y alienación", en África en América Latina. México: UNES CO. Siglo Veintiuno Editores (Serie El mundo en América Latina).

JAMES, C. R. L. 1963. The black jacobins Toussaint L'Ouverture and the San Domingo revolution. Second edition, revised. New York: Randon House (Vintage books; 242).

JAMES, JOEL. 1988. "Folklore y teatro", en Del Caribe, año 1. no. 1.

_______________. La brujería cubana: el palo monte. Santiago de Cuba, Editorial Oriente, 2006.

JAHN, JANHEINZ. 1963. Muntú: las culturas neoafricanas. México: Fondo de Cultura Económica (Colección popular).

KARENGA, MAULANA.. 1983 . Introduction to black studies. Los Angeles: .California Kawaida Publications.

LACHATAÑERÉ, RÓMULO. 1942. Manual de santería: el sistema de cultos "Lucumís". La Habana: Editorial Caribe.

LEYBURN, JAMES G. 1941. The haitian people. New Haven: Yale. University Press.

LIZARO, FRADRIQUE. (1982). Apuntes. Investigaciones de campo para el montaje del espectáculo "Religiosidad popular dominicana". Santo Domingo: Dirección general de Bellas Artes.

LÓPEZ, LEOVIGILDO. (1961). "Las firmas de los santos", en Actas del folklore. La Habana: año 1, no. 5.

LÓPEZ, LOURDES. (1978). Estudio de un babalao. La Habana: Universidad de La Habana.

LOUIS-JEAN, ANTONIO. 1970. La crise de possession et la possession dramatique. Quebec: Lemac.

MENÉNDEZ ANGULO, IVONNE, Í998. "Voces y conceptos del vodú" (Trabajo inédito).

MÉTRAUX, ALFRED. 1958. Le vaudou haitien. París: Gallimard. 1966. "Orígenes e historia de los cultos vodú", en Casa de las Américas. La Habana: año VI, no. 36-37.

MILLET, JOSÉ. 1988. "Caracterización sociocultural de la comunidad cubano-haitiana de Barrancas", en Actas Latinoamericanas de Varsovia. Varsovia: Universidad de Varsovia, tomo IV.

MILLET, José y Alexis ALARCÓN. 1989: "Manifestaciones diabólicas del vaudou en Cuba", Del Caribe n°14, Santiago de Cuba.

- MILLET, José. 1990: "Vodú, magia y hechicería", **TEMAS** n°20, pp. 117-118, La Habana.

1996. Glosario mágico-religioso cubano. Venezuela: Ediciones Gaby.

. 1996. Siete Potencias. Religión yorubá. Venezuela: Ediciones Gaby.

. 1997. El espiritismo, variantes cubanas. Santiago de Cuba: Editorial Oriente.

..1998. Tiembla Tierra. Las religiones afrocubanas, hoy. Santiago de Compostela: Fundación Eugenio Granell.

2018. Diccionario enciclopédico mágico-religioso cubano. Santería,, Regla Konga y variantes cubanas del espiritismo y del vodú haitiano.

MILLET, JOSÉ Y ALEXIS ALARCÓN 1987. "Loas de las montañas cubanas". Del Caribe, .año IV, no. 9.

MILLET, JOSÉ Y JULIO CORBEA. 1985-86. "Presencia haitiana en el oriente de Cuba", en Del Caribe, año II, no. 10 (Artículo originalmente publicado en francés con el título "Présence haitienne dans la.partie orientale de Cuba" en el hebdomadario **Haití Progress** de New York, vol. 3, no. 39, 1 au janvier 1986).

MORENO FRAGINALS, MANUEL. 1981. "La plantación, crisol de la sociedad antillana", en **El Correo de la UNESCO**, año XXXIV, diciembre.

- PEDRO, Alberto. 1967: "La semana santa haïtiana cubana", EtnologÍa y Folklore, n°4, pp.49-78, La Habana.

PÉREZ DE LA RIVA, JUAN: 1979. "Cuba y la emigración antillana (1900-1931)" en La República neocolonial, no.2. La Habana: Edit. Ciencias Sociales.

PIKE, ROYSTON E. 1960. Diccionario de religiones. México: Fondo de Cultura Económica.

PRICE MARS, JEAN. 1968. Así habló el tío. La Habana: Casa de las Américas.

RIPLEY, GEO. 1984. "Vodú: posesión ritual, cena ceremonial". Santo Domingo: Instituto de Estudios Dominicanos (Ejemplar mecanografiado).

RUSSEL, BERTAND. 1951. Religión y ciencia. México: Fondo de la Cultura Económica (Breviarios del FCE. Religión y Ciencia; 55).

SANTANA, MANUEL. 1986. "Estudio de la comunidad cubano-Haitiana de Pilón del Cauto" (Disertación de grado). [s.a.]
(1986). "Comidas y bebidas típicas de la comunidad cubano-haitiana de Barrancas" (Disertación de grado). Santiago de Cuba: Casa del Caribe (Inédita).

SIMPSON, GEORGE EATON. 1980. Religions cults in the Caribbean: Trinidad, Jamaica and Haití. Puerto Rico: University of Puerto Rico. Tratado sobre el culto, rito y práctica de las Reglas de Ocha (Yorubá), Regla de Palo Monte o Mayombe y Regla Arará (Arará Dahomey)

(Ejemplar inédito).
**United Fruit Company: un caso de dominio imperialista en
Cuba**. 1976. La Habana: Editorial de Ciencias Sociales.
VERAS, RAMÓN ANTONIO. 1983.
Inmigración, haitianos, esclavitud. Santo Domingo: Ediciones de Taller (Biblioteca Taller, 152).

Ficha bio-bibliográfica del autor

José Millet, (Cuba, 28 de enero de 1949). Scholar y escritor que vivió durante 37 años consecutivos en Santiago de Cuba, capital de la antigua provincia de Oriente.

Escritor, profesor universitario y etnólogo que ha investigado la temática de la cultura tradicional popular, con énfasis en fiestas y especializado en el campo de la religiosidad popular. En 1975 se graduó en la Universidad de Oriente, con sede en Santiago de Cuba en licenciatura en Lengua y Literatura; estudió Filosofía en la Universidad de La Habana, donde se desempeñó como docente. Como etnólogo, ha realizado investigaciones de campo en Cuba, República Dominicana, Puerto

Rico, Barbados, Haití, Polonia, Galicia, R.P. de Angola y República Bolivariana de Venezuela. Ha publicado cerca de 40 libros en soporte de papel y digital, uno de ellos aparecióen el año 2008 en Estados Unidos, bajo el título de **Sacred Spaces and Religious Traditions in Oriente Cuba**, pero con la firma de la profesora, Dra. Jualynne Dodson, de la Michigan State University, quien se adjudicó la autoría del libro, siendo ésta compartida con Millet. **Alí Primera. Biografía documentada y testimonial** su publicado por la editorial El Perro y la rana quedó en el tercer lugar entre los libros más bajados y buscados en la Feria Internacional del Libro (FILVEN, 2017). Ha escrito numerosos artículos, ensayos para distintas publicaciones tanto en Cuba como en otros países, y muchos de ellos pueden ser accesados en la Internet. Desde el año 2001 trabajó en el Instituto de Cultura del Estado Falcón (INCUDEF), donde creó y dirigió el Centro de Investigaciones Socioculturales, con cuyo equipo de estudios elaboró **el Atlas Etnográfico del Estado Falcón**, obra pionera en Venezuela por su enfoque y trascendencia en los estudios etno-sociológicos. Fundador del Festival del Caribe (1981) y de la Casa del Caribe (1982), donde dirigió el Equipo de estudio de las religiones afrocaribeñas y el espiritismo hasta residenciarse en Venezuela en el año 2005. Preside la Fundación Casa del Caribe, institución sin fines de lucro enfocada—desde el punto de vista pedagógico—al estudio, la investigación y la promoción de la historia y las culturas de los pueblos de la región caribeña. Es miembro de la Unión Nacional de Escritores y Artistas de Cuba (UNEAC), Asociación Caribeña de estudios del Caribe y de la Red de Escritores de Venezuela.

Presidente de la Fundación Casa del Caribe

Avenida Ali Primera, Calle Principal, casa 29,
Sector La Cruz, Parroquia Los Teques,
Municipio Guaicaipuro, Estado Miranda,
Venezuela.
Teléfonos celulares: (58) 0416-2168703; 0412-5960330 y 0212-4608164
E-mail: milletjb3000@gmail.com; milletjb2014@gmail.com
Véase: CURRICULUM VITAE de José Millet

Colofón